THE ILLUSTRATED
A BRIEF HISTORY OF TIME

时间简史

插图版

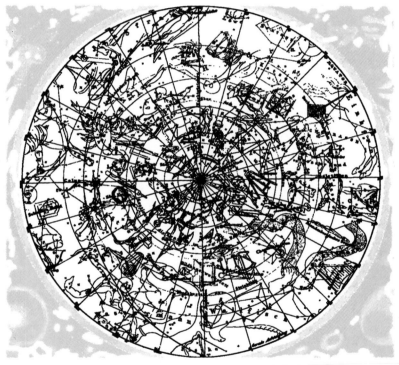

P9-CBW-756

STEPHEN HAWKING

史蒂芬·霍金/著　许明贤 吴忠超/译　湖南科学技术出版社

THE ILLUSTRATED

A BRIEF HISTORY OF TIME

UPDATED AND EXPANDED EDITION

STEPHEN HAWKING

BANTAM BOOKS

NEW YORK TORONTO LONDON SYDNEY AUCKLAND

A LABYRINTH BOOK

THE ILLUSTRATED A BRIEF HISTORY OF TIME

A Bantam Book / November 1996

All rights reserved.
Copyright © 1988, 1996 by Stephen Hawking
Original illustrations copyright © 1996 by Moon*runner* Design, U.K.

No part of this book may be reproduced or transmitted in any form or by any means, electronic or mechanical, including photocopying, recording, or by any information storage and retrieval system, without permission in writing from the publisher.
For information address: Bantam Books.

Library of Congress Cataloging-in-Publication Data

Hawking, S. (Stephen)
  The illustrated a brief history of time / Stephen Hawking—
Updated and expanded ed.
    p. cm.
  Originally published: A brief history of time. New York: Bantam
Books, 1988.
  Includes index.
  ISBN 0-553-10374-1
  1.Cosmology. I. Title
08981.H377 1996
523.1—dc20

96-19732
CIP

Published simultaneously in the United States and Canada

Bantam Books are published by Bantam Books, a division of Bantam Doubleday Dell Publishing Group, Inc. Its trademark, consisting of the words "Bantam Books" and the portrayal of a rooster, is Registered in U.S. Patent and Trademark Office and in other countries. Marca Registrada, Bantam Books. 1540 Broadway. New York, New York 10036.

Designed,typeset,and produced in Great Britain by Moon*runner* Design
PRINTED IN THE UNITED STATES OF AMERICA

RD 1098765432

译 者 序

宇宙学是一门既古老又年轻的学科。作为宇宙中高等生物的人类不满足于自身的生存和种族的绵延，还一代代地探索着存在和生命的意义。但是，人类理念的进化是极其缓慢和艰苦的，从亚里士多德–托勒密地心说到哥白尼–伽利略日心说的演化就花了大约2000年的时间。令人吃惊的是，尽管人们知道世间的一切都在运动，只有到了20世纪20年代哈勃发现了红移定律后，宇宙演化的观念才进入人类的意识。在此之前，人们甚至从未想到过宇宙还会演化。无论是牛顿的万有引力理论还是爱因斯坦的广义相对论都不能得到稳态的宇宙模型。为了得到一个这样的模型，爱因斯坦甚至不惜牺牲理论的美丽，将宇宙常数引进他的方程。可见宇宙演化的观念并非产生于这些天才的头脑之中。

哈勃的发现标志着现代宇宙学的诞生。他的红移定律说，从星系光谱的红移可以推断，越远的星系以越快的速度飞离开我们，这表明整个宇宙处于膨胀的状态。从时间上倒溯到过去，估计在100亿到200亿年之前发生过一次开天辟地的大爆炸，宇宙就从这个极其紧致极热的状态中诞生。伽莫夫在1948年发表的关于热大爆炸模型的文章中作出了一个惊人的预言，早期大爆炸的辐射仍残存在我们的周围，不过由于宇宙膨胀引起的红移，其绝对温度只余下几度了。在这种温度下，辐射处于微波的波段。然而，在1965年彭齐亚斯和威尔逊观测到宇宙微波背景辐射之前，人们并不认真对待这个预言。

一般认为，爱因斯坦的广义相对论是描述宇宙的正确理论。在经典广义相对论的框架中，霍金和彭罗斯，在很一般的条件下，证明了时空一定存在奇点，最著名的奇点即是黑洞里的奇点和宇宙大爆炸处的奇点。所有定律和可预见性都在奇点处失效。奇点可以看做时空的边缘或边界。只有给定了奇点处的边界条件，才能从爱因斯坦方程得出宇宙的演化。由于边界条件只能由宇宙外的造物主给定，所以宇宙的命运就操纵在造物主手中。这就是从牛顿时代起一直困扰人类智慧的第一推动问题。

如果时空没有边界，则就不必劳驾上帝进行第一推动了。这只有在量子引力论中才能做到。霍金认为宇宙的量子态是处于一个基态，而时空可被看成是一个有限无界的四维面，正如地球的表面一样，只不过多了两个维数而已。宇宙中的所有结构都起源于量子力学的不确定性原理允许的最小起伏。从一些简单的模型计算可得出和天文观测相一致的推论，如星系团、星系、恒星等成团结构，宇宙大尺度的均匀性和各向同性，时空的平性，时空的维数，太初引力波和太初黑洞，以及时间的箭头等。霍金的量子宇宙学在于它真正使宇宙论成为一门成熟的科学。它是一个自足的理论，即在原则上，单凭科学定律我们便可以将宇宙中的一切都预言出来。

本书作者是当代最重要的广义相对论家和宇宙学家。

20世纪70年代他和彭罗斯一道证明了著名的奇点定理。之后他还证明了黑洞的面积定理，即随着时间增加黑洞的表面积不减。这很自然地使人将这面积和热力学的熵联想起来。

1973年，他考虑黑洞附近的量子效应，发现黑洞会像黑体那样发出辐射。其辐射的温度和黑洞质量成反比，这样黑洞就会因为辐射而慢慢变小，而温度却越变越高，它以最后一刻的爆炸而告终。黑洞辐射的发现具有极其基本的意义，它将引力、量子力学和热力学统一在一起。

1974年以后，他的研究转向量子引力论。他利用费恩曼的对历史求和方法，自然地处理时空的非平凡的拓扑效应，开创了引力热力学。

1980年，他的兴趣转向量子宇宙学，研究宇宙的无中生有的创生机制，企图一劳永逸地解决第一推动问题。

霍金的生平是非常富有传奇性的。在科学成就上，他是有史以来最杰出的科学家之一，而他的贡献是在他20年之久被肌萎缩性（脊椎）侧索硬化症禁锢在轮椅上的情形下做出的，这真正是空前的。因为他的贡献对于人类的观念有深远的影响，所以媒体对他早已广为报道。尽管如此，译者之一于1979年第一回见到他时的情景至今还历历在目。那是第一次参加他领导的小组的讨论班时，门打开后，忽然脑后响起一种非常微弱的电器的声音，回头一看，只见一个骨瘦如柴的人斜躺在电动轮椅上，他自己驱动着电开关。译者尽量保持礼貌而不显出过分吃惊，但是他对首次见到他的人对其残废程度的吃惊早已习惯。他要很费劲才能抬起头来。在失声之前，他只能用非常微弱的变形的语言交流，这种语言只有在陪他工作、生活几个月后才能通晓。他不能写字，看书必须依赖于一种翻书页的机器，读文献时必须让人将每一页摊平在一张大办公桌上，然后他驱动轮椅如蚕吃桑叶般地逐页阅读。人们不得不对人类中居然有以这般坚强意志追求终极真理的灵魂从内心产生深深的敬意。他每天必须驱动轮椅从他的家——剑桥西路5号，经过美丽的剑河、古老的国王学院驶到银街的应用数学和理论物理系的办公室。该系为了他的轮椅行走方便特地修了一段斜坡。

在富有学术传统的剑桥大学，他目前担任着也许是有史以来最为崇高的教授职务,那是牛顿和狄拉克担任过的卢卡斯数学教授。

　　本书译者之一曾受教于霍金达4年之久,并在他的指导下完成了博士论文。从他对译者私事的帮助可以体会到,他是一位富有人情味的人。此书即是受霍金之托而译成中文,以供人类1/5的人口了解他的学说。

许明贤　吴忠超

1988 年 8 月,尼亚加拉瀑布

目　录

观测时间的过去。这张有史以来最深处的太空的光学照片是哈勃空间望远镜于 1996 年 1 月拍摄的。它显示了早期宇宙的景象，其中某些星系的年代距离空间和时间启始少于 10 亿年。近年来非凡的技术进展，正在开始提示有关宇宙如何启始和我们在其中处境的理论背后的事实。

前　　言

　　我没有为《时间简史》的原版写前言。那是卡尔·萨根写的。我写了简短的"感谢"，有人建议我感谢每一个人。但是有些支持过我的基金会不甚高兴，它们由于我提及而收到大量的申请。

　　我认为没有任何人，我的出版者，代理人，甚至我自己曾预料到这本书会这么畅销。它荣登伦敦《星期日时报》畅销书榜237周，这比任何书都久（显然，《圣经》和莎士比亚不算在内）。它被译成40来种文字，在全世界每750人都拥有一册，包括男人、妇女和儿童。正如纳珍·米尔伏德（我的前博士后）评论的：我的物理著作比麦当娜谈性的书还更好卖。

　　《时间简史》的成功表明，人们对于重大问题有广泛兴趣：诸如我们从何而来？宇宙为何是这样子的？

　　我已趁此机会更新本书，并将从首版（1988年4月愚人节）以来理论和观测的新结果纳入。我新添了虫洞和时间旅行的一章。爱因斯坦的广义相对论为我们提供了创生和维持虫洞的可能性，那是连接时空中不同区域的细管。如是，我们也许可以利用它们来进行星系之间快速旅行或在时间中旅行到过去。当然，我们从未邂逅到来自未来的人（也许我们曾经有过？）。对此我将给出一种可能的解释。

1

我还描述了今年在寻求"对偶性"或显然不同的物理理论之间的对应方面的进展。这些对应强烈地表明，存在一种完备的统一物理理论，但是它们也暗示，也许不可能用一个单独表述来表达这个理论。相反，在不同的情形下，我们必须使用基本理论的不同影像。这和描绘地球表面很相似，人们不能只用一张单独的地图，在不同的区域必须用不同的地图。这就变革了我们的科学定律的统一观，但是它并没有改变最重要的一点：一族我们能够发现并理解的合理的定律制约着宇宙。

　　在观测方面，迄今最主要的发展是由COBE(宇宙背景探险者)和其他合作者测量的宇宙微波背景辐射中的起伏。这些起伏是创生的指纹，这些在光滑均匀的早期宇宙上的微小的初始无规性后来成长为星系、恒星以及在我们周围看到的所有结构。起伏的形式和无边界设想的预言相吻合。无边界设想说，宇宙在虚时间方向没有边界或边缘。为了区分这个设想和对背景中的起伏的其他可能的解释，还需要进一步的观测。然而，在几年之内，我们就应能知道，我们能否相信自己生活在一个完全自足的无始无终的宇宙之中。

史蒂芬·霍金

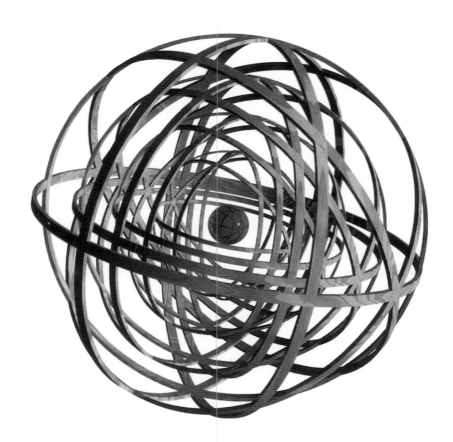

第一章

我们的宇宙图象

一位著名的科学家（据说是贝特兰·罗素）曾经作过一次天文学讲演。他描述了地球如何围绕着太阳公转，而太阳又是如何围绕着称之为我们星系的巨大的恒星集团的中心公转。演讲结束之际，坐在房间后排的一位小个老妇人起立说道："你讲的是一派胡言。实际上，世界是驮在一只巨大乌龟背上的平板。"这位科学家露出高傲的微笑，然后答道："那么这只乌龟是站在什么上面的呢？""你很聪明，年轻人，的确很聪明，"老妇人说，"不过，这是一只驮着一只，一直驮下去的乌龟塔啊！"

大多数人会觉得，把我们的宇宙喻为一个无限的乌龟塔相当荒谬。但是我们凭什么就自认为知道得更好呢？我们对宇宙了解了多少？而我们又是如何知道的呢？宇宙从何而来，又将向何处去？宇宙有开端吗？如果有的话，在开端之前发生了什么？时间的本质是什么？它会有一个终结吗？物理学中最近的突破，使我们有可能为其中一些长期以来悬而未决的问题提供答案，而奇妙的新技术是实现这些突破的部分原因。对我们而言，这些答案也许有朝一日会变得和地球围绕着太阳公转那么显而易见——或许也会变得和乌龟塔一样荒谬，只有时间（不管其含义如何）才能裁决。

北极星方向

图1.1

对面图：印度教宇宙把地球描写成驮在6只大象的背上，而地狱是由停留在蛇上的乌龟支持的。

左图：早期希腊人关于平坦宇宙概念的中世纪图解。地球在水上浮动，在它之上是4种元素。

右上图：亚里士多德。公元前4世纪的希腊原作的罗马复制品。

　　早在公元前340年，希腊哲学家亚里士多德在他的《论天》一书中，就能够对于地球是一个圆球而不是一块平板这个信念提出两个有力的论证。第一，他意识到，月食是由于地球运行到太阳与月亮之间引起的。地球在月亮上的影子总是圆的，这只有在地球本身为球形的前提下才成立。如果地球是一块平坦的圆盘，除非月食总是发生在太阳正好位于这个圆盘中心的正下方的时刻，否则地球的影子就会被拉长而成

为椭圆形。第二，希腊人从旅行中知道，在南方观测北极星，比在较北地区，北极星在天空中显得较低。（由于北极星位于北极的正上方，所以它出现在北极的观察者的头顶上，而对于赤道上的某观察者，北极星刚好出现在地平线上：图1.1。）

　　根据北极星在埃及和在希腊表观位置的差别，亚里士多德甚至估计出地球大圆长度为400000斯特迪亚。现在还不能准确地知道，1斯特迪亚的长度究竟是多少，

3

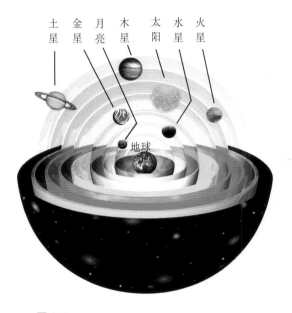

土星　金星　月亮　木星　太阳　水星　火星

地球

图1.2

但也许是 200 码（1 码＝0.9144 米）左右，这样就使得亚里士多德的估计大约为现在接受数值的 2 倍。希腊人甚至为地球是球形提供了第三个论证，否则何以从地平线驶来的船总是先露出船帆，然后才露出船身？

亚里士多德认为地球是不动的，太阳、月亮、行星和恒星都以圆周为轨道围绕着地球公转。他相信这些，是因为他认为地球是宇宙的中心，而圆周运动是最完

托勒密用象限仪测量月亮的高度。
巴塞尔，1508 年。

美的；他的这种看法是基于某些神秘的原因。公元 2 世纪，这个思想被托勒密精制成一个完整的宇宙学模型。地球处于正中心，8 个天球包围着它，这 8 个天球分别负载着月亮、太阳、恒星和 5 个当时已知的行星：水星、金星、火星、木星和土星(图1.2)。

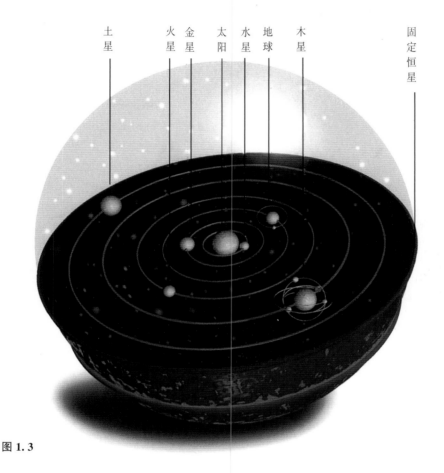

土星　火星　金星　太阳　水星　地球　木星　固定恒星

图 1. 3

为了说明在天空中观察到的这些行星的相当复杂的轨道,人们认为它们本身沿着附在相应天球上的更小的圆周运动。最外层的天球携带着所谓的固定恒星,它们的相对位置总是保持不变,但是总体围绕着天空旋转。最后一层天球之外为何物一直不很清楚,但是它肯定不是人类所能观测到的宇宙部分。

N. COPERNICUS.

London, Published as the Act directs, April 11, 1802, by J.Wilkes

---

上图：尼古拉·哥白尼（1473~1543）。

右下图：开普勒的理论模型把行星轨道和同心几何立体的配置相联系。

托勒密模型的系统可以相当精密地预言天体在天空中的位置。但是为了正确地预言这些位置，托勒密不得不假定，月亮遵循的轨道有时使它离地球的距离是其他时候的一半。这意味着月亮有时显得要比其他时候大1倍！托勒密承认这个瑕疵，但是尽管如此，他的模型被广泛地，虽然不是普适地接受。它被基督教会接纳为与《圣经》相一致的宇宙图象。这是因为它具有巨大优势，即在固定恒星天球之外为天堂和地狱留下了大量的空间。

然而，1514年波兰教士尼古拉·哥

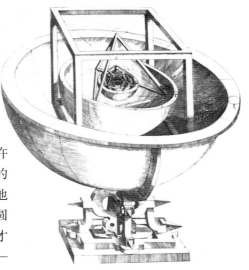

白尼提出了一个更简单的模型。（起初，也许哥白尼害怕被教会谴责为异端，所以将他的模型匿名地流传。）他的观念是，太阳静止地位于中心，而地球和行星们围绕着太阳做圆周运动（图1.3）。将近一个世纪以后，人们才认真接受他的观念。后来，两位天文学家——

德国人约翰斯·开普勒和意大利人伽利略·伽利雷开始公开支持哥白尼理论,尽管它所预言的轨道还不能完全与观测相符合。直到1609年,亚里士多德和托勒密的理论才宣告死亡。那一年,伽利略用刚发明的望远镜来观测夜空。当他观测木星时,发现有几个小卫星或月亮围绕着它转动,这表明不像亚里士多德和托勒密设想的那样,并非所有东西都必须直接地围绕着地球转动(当然,仍然可能相信地球是静止地处于宇宙的中心,而木星的卫星沿着一种极其复杂的轨道围绕地球运动,表观上看来它们是围绕着木星转动。然而,哥白尼理论却简单得多了)。同时,约翰斯·开普勒修正了哥白尼理论,提出行星不是沿着圆周而是沿着椭圆(椭圆是拉长的圆)运动,从而最终使预言和观察相互一致了。

就开普勒而言,椭圆轨道仅仅是想当然的,并且是相当讨厌的假设,因为椭圆显然不如正圆那么完美。虽然他几乎偶然地发现椭圆轨道能很好地和观测相符合,但却不能把它和他的磁力引起行星围绕太阳运动的思想相互调和起来。只有到更晚得多的1687年,这一切才得到解释。这

伽利略·伽利雷(1564~1642)。
雕刻,帕多瓦1744年。

一年,艾萨克·牛顿爵士出版了他的《自然哲学的数学原理》,这部也许是物理科学中有史以来最重要的著作。在这部著作中,牛顿不但提出物体如何在空间和时间中运动的理论,并且发展了为分析这些运动所需的复杂的数学。此外,牛顿还提出

1708年出版的《和谐宇宙》的卷首插图，图中人物为哥白尼、托勒密和伽利略。

了万有引力定律。根据这条定律，宇宙中的任一物体都被另外的物体吸引。物体质量越大，相互距离越近，则相互之间的吸引力越大。正是这同一种力，使物体下落到地面。（一个苹果落到牛顿的头上使他得到灵感的故事，几乎肯定是不足凭信的。牛顿自己说过的不过是，当他坐着陷入沉思之时，一个苹果的下落使他得到了万有引力的思想。）牛顿继而证明，根据他的定律，引力使月亮沿着椭圆轨道围绕着地球运行，而地球和其他行星沿着椭圆轨道围绕着太阳公转。

哥白尼的模型摆脱了托勒密的天球，以及与其相关的宇宙存在着自然边界的观念。"固定恒星"除了由于地球围绕着自身的轴自转引起的穿越天空的转动外，它们的位置显得固定不变，很自然会使人推测到固定恒星是和我们太阳类似的物体，只是比太阳离开我们远得多了。

按照他的引力理论，牛顿意识到恒星应该相互吸引，这样它们似

8

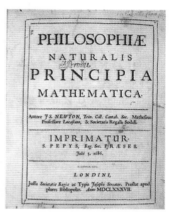

艾萨克·牛顿(1642~1727)。
按照 1833 年凡德班克的画像雕刻。

同时代另一位最重要的思想家理查德·本特里的一封信中，牛顿论证道，如果只有有限数目的恒星分布在一个有限的空间区域里，这确实是会发生的。但是另一方面，他推断说，如果存在无限数目的恒星，大体均匀地分布于无限的空间中，对它们而言，因为这时不存在一个中心落点，这种情形就不会发生。

当人们议论到无限时，这种论证是你会遭遇到的一种陷阱。在一个无限的宇宙中，因为在每一点的两边都有无限颗恒星，所以每一点都可

乎不能保持基本上不动。难道它们不会都一起落到某处去吗？在 1691 年写给

以认为是中心。很久以后才意识到正确的方法，即是先考虑有限的情形，这时所有恒星都相互落到一起，然后加上在这个区域以外大体均匀分布的更多恒星，看事情会如何改变。按照牛顿定律，平均地讲，这额外的恒星对原先的那些根本没有什么影响，所以这些恒星还是同样快地落到一起。我们愿意加上多少恒星就可以加上多少，但是它们仍然总是向自身坍缩。现在我们知道，不可能存在一个无限静态的引力总是吸引的宇宙模型。

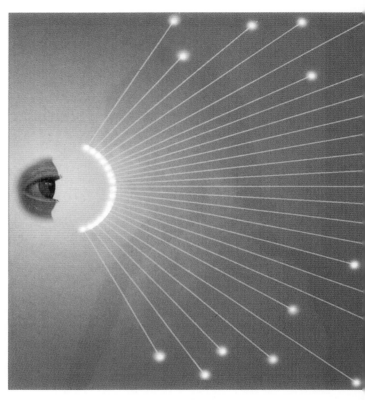

在 20 世纪之前从未有人提出过，宇宙是在膨胀或是在收缩，这有趣地反映了当时的思维风气。一般认为，宇宙要么以一种不变的状态存在了无限长的时间，要么以多多少少正如我们今天观察到的样子在有限久的过去创生。其部分的原因可能是，人们倾向于相信永恒的真理，也可能由于从以下的观念可以得到安慰，即虽然他们会生老病死，但是宇宙必须是不朽的不变的。

甚至那些意识到牛顿的引力理论导致宇宙不可能静止的人，也没有想到提出宇宙可能正在膨胀。相反，他们试图修正理论，使引力在非常大距离下变成排斥的。这并没有太大影响他们对行星运动的预言，然而却允许恒星的无限分布保持平

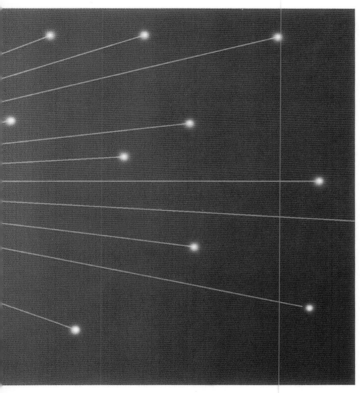

一些，斥力就起主导作用，并驱使它们离得更远。

另一个反对无限静止宇宙的异见通常归功于德国哲学家亨利希·奥勃斯，他在1823年撰写了这个理论。事实上，牛顿的一些同时代人已经提出过这个问题，甚至奥勃斯的文章也不是貌似有理地反驳这个模型的第一篇。不管怎么说，这是第一篇被广泛关注的文章。其困难在于，在一个无限静止的宇宙中，几乎每一道视线必须终结于某一颗恒星的表面（图1.4）。这样，人们可以预料，整个天空甚至在夜晚都会像太阳那么明亮。奥勃斯反驳说，远处恒星的光线会被它穿越过的物质吸收而减弱。然而如果真是如此，这

衡状态——邻近恒星之间的吸引力被远距离外的恒星来的斥力平衡。然而，现在我们相信，这样的平衡是不稳定的：如果某一区域内的恒星稍微相互靠近一些，它们之间的引力就会增强，并超过斥力的作用，因此这些恒星就会继续落到一起。反之，如果某一区域内的恒星稍微相互远离

图1.4 如果宇宙是无限而且静止的，则每一道光线都会终结于一个恒星上，使得夜空和太阳一样明亮。

11

《创业的第二天》

裘里乌斯·希诺·冯·卡罗尔斯菲尔德画于1860年。

介于其间的物质最终会被加热到发出和恒星一样强的光为止。可以避免整个天空像太阳那么明亮的结论的唯一方法是,假定恒星并非永远那么明亮,而是在有限久的过去才开始发光。在这种情况下,吸光物质还没加热,或者远处恒星的光线尚未到达我们这里。这就使我们面临着什么是首次引起恒星发光的问题。

当然,宇宙开端的问题比这早很久就被讨论过。根据一些早先的宇宙论和犹太教/基督教/穆斯林传统,宇宙在有限的并非非常遥远的过去的某个时刻启始。对于这样的一个开端,有一种论证是感到必须有"第一推动"来解释宇宙的存在。(在宇宙中,你总可以将一个事件解释为由另一个更早的事件引起的,但是只有当宇宙存在某个开端时,才能用这种方法解释它本身的存在。)圣·奥古斯丁在他的《上帝之城》的著作中提出了另一种论证。他指出,文明在进步,我们将记住创造这些功绩或发展技术的人们。这样,人也许还有宇宙,不可能已经存在了那么长的时间。圣·奥古斯丁根据《创世纪》一书,接受公元前5000年作为宇宙创生的时刻。(有趣的是,这和最近一个冰河时代的结束,大约公元前10000年相距不远。考古学家告诉我们,文明实际上正是从那时开始的。)

另一方面,亚里士多德和其他大多数希腊哲学家不喜欢创生的思想,因为它带有太多的神学干涉的味道,所以他们相信,人类及其周围的世界已经并将继续永远存在。古人已经考虑到上述文明进步的论点,用周期性洪水或其他灾难的出现,使人类重复地回到文明的开初,来回答上面的诘难。

1781年,哲学家伊曼努尔·康德发表了里程碑般的(也是非常晦涩难懂的)著作《纯粹理性批判》。在这本书中,他深入地考察了关于宇宙在时间上是否有开端、在空间上是否有限的问题。他称这些问题为纯粹理性的二律背反(也就是矛盾)。因为他感到存在同样令人信服的论据,来证明宇宙有开端的正命题,以及宇宙已经存在无限久的反命题。他对正命题的论证是:如果宇宙没有一个开端,则任何事件之前必有无限的时间。他认为这是荒谬的。他对反命题的论证是:如果宇宙有一开端,在它之前必有无限的时间,为何宇宙必须在某一特定的时刻开始呢?事实上,他对正命题和反命题用同样的论证来

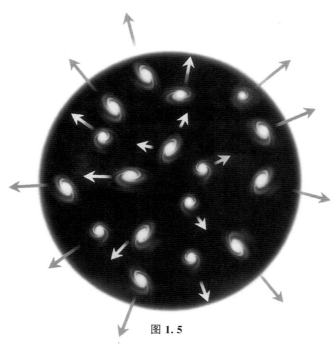

图 1.5

辩护。它们都是基于他隐含的假设，即不管宇宙是否存在了无限久，时间均可无限地倒溯回去。我们将会看到，在宇宙开端之前时间概念是没有意义的。这一点是圣·奥古斯丁首先指出的。当他被问及："上帝在他创造宇宙之前做什么?"奥古斯丁并没有这样回答："他正为诘问这类问题的人准备地狱。"而是说时间是上帝创造的宇宙的一个性质，在宇宙开端之前不存在。

当大部分人深信一个本质上静止不变的宇宙时，关于它有无开端的问题，实在是一个形而上学或神学的问题。按照宇宙存在无限久的理论，或者按照宇宙以它似乎已经存在了无限久的样子在某一个有限时刻起始的理论，我们可以同样好地解释所观察到的事实。但在 1929 年，埃德温·哈勃作出了一个里程碑式的观测，即不管你往哪个方向观测，远处的星系都正急速地飞离我们而去。换言之，宇宙正在膨胀(图 1.5)。这意味着，在早先的时刻星体更加相互靠近。事实上，似乎在大约100亿至200亿年之前的某一时刻，它们刚好在同一地方，所以那时候宇宙的密度为无限大。这个发现最终将宇宙开端的问题带进了科学的王国。

哈勃的观测暗示存在一个叫做大爆炸的时刻，当时宇宙的尺度无限小，而且无限紧密。在这种条件下，所有科学定律并因此所有预见将来的能力都崩溃了。如果在这个时刻之前有过一些事件，它们将不可能影响现在发生的东西。因为它们没有任何观测的后果，所以可不理睬其存在。由于更早的时间根本没有定义，所以在这个意义上，人们可以说，时间在大爆炸时有一开端。必须强调的是，这个时间的开端和早先考虑的非常不同。在一个不变的宇宙中，时间的端点是必须由宇宙之外的存在物赋予的某种东西；宇宙的开端并没有物理的必然性。人们可以想象上帝在过去从字面上说的任何时刻创生了宇宙，如果宇宙正在膨胀，那么何以宇宙有一个开端似乎就有了物理的原因。人们仍然可以想象，上帝是在大爆炸的瞬间创生宇宙，或者甚至在更晚的时刻，以使它看起来就像发生过大爆炸似的方式创生，但

埃德温·哈勃（1889~1953）在1924年拍摄于威尔逊山天文台

是设想在大爆炸之前创生宇宙是没有意义的。大爆炸宇宙并没有排斥造物主，只不过对他何时从事这工作加上限制而已！

为了谈论宇宙的性质和讨论诸如它是否存在启始或终结的问题，你必须清楚什么是科学理论。我将采用素朴的观点，即理论只不过是宇宙或它的受限制的部

分的模型,以及一族把这模型中的量和我们做的观测相联系的规则。它只存在于我们的头脑中,不再具有任何其他(不管在任何意义上)的实在性。一个好的理论必须满足以下两个要求:首先,这个理论必须能准确地描述大量的观测——这些观测是根据只包含少数任选的元素的模型所做出的;其次,这个理论能对未来观测的结果作出明确的预言。例如,亚里士多德相信恩贝多克利的关于任何东西是由四元素——土、气、火和水组成的理论,该理论是足够简单的了,但它没有做出任何明确的预言。另一方面,牛顿的引力理论是基于其至更为简单的模型,在此模型中两物体用一种力相互吸引,该力和被称为它们质量的量成正比,并和它们之间的距离的平方成反比。然而,它以很高的精确性预言了太阳、月亮和行星的运动。

在只是一个假设的意义上来讲,任何物理理论总是临时性的:你永远不可能证明它。不管多少回实验的结果和某个理论相一致,你永远不可能断定下一次结果不和它矛盾。另一方面,哪怕你只要找到一个和理论预言不一致的观测事实,即可证伪之。正如科学哲学家卡尔·波普强调的,

一个好的理论的特征是,它能给出许多在原则上可以被观测否定或证伪的预言。每回观察到与这预言相符的新的实验,则这理论就存活,并且增加了我们对它的信任度;然而若有一个新的观测与之不符,则我们只得抛弃或修正这理论。

这被认为是迟早总会发生的事,但是你总可以质疑实现该观测的人员的能力。

在现实中经常发生的是,设计出的新理论实际上是原先理论的一个扩展。例如,非常精确地观测水星,发现它的运动和牛顿引力理论预言之间有一个微小的差异。爱因斯坦的广义相对论预言了和牛顿理论略微不同的运动。爱因斯坦的预言和观测到的相符合,而牛顿理论做不到,这个事实是对这个新理论的一个关键的证实。然而在我们正常处理的情形下,牛顿理论和广义相对论的预言之间差异非常小,所以为了所有实用的目的,我们仍然使用牛顿理论。(牛顿理论还有一个巨大的优点,用它计算比用爱因斯坦理论简单多了!)

科学的终极目的是提供描述整个宇宙的单一理论。然而,大多数科学家遵循的

对面图:在射手座可以见到银河系的中心。

17

方法是把问题分成两部分。首先,存在一些定律,这些定律告诉我们宇宙如何随时间变化。(如果我们知道在任一时刻宇宙是什么样子的,这些定律就告诉我们它在未来任何时刻是什么样子的。)第二,存在宇宙初始状态的问题。有些人觉得科学只应关心第一部分,他们将初始状态的问题看做玄学或宗教的事体。他们会说,无所不能的上帝可以随心所欲地启始宇宙。那也许是真的,但是,倘若那样,他也可以使宇宙以完全任意的方式演化。可是,似乎他选择使宇宙以一种非常规则的,按照一定规律的方式演化。所以,看来可以同样合理地假定,也存在着制约初始状态的定律。

一蹴而就地设计一种能描述整个宇宙的理论,看来是非常困难的。相反,我们将这个问题分成许多小块,并发明许多部分理论(图 1.6)。每一部分理论描述和预言一定有限范围的观测,同时忽略其他量的效应或用简单的一组数来代表。这方法可能全错。如果宇宙中的每一件东西都以非常基本的方式依赖于其他的任何一件东西,用隔离法研究问题的部分也许不可能逼近其完全的答案。尽管如此,这肯定是我们在过去取得进展的方法。牛顿引力理论又是一个经典的例子,它告诉我们两个物体之间的引力只取决于与每个物体相关的一个数——它的质量,而与物体由何物组成无关。这样,人们不需要太阳和行星结构和成分的理论就可以计算它们的轨道。

今天,科学家按照两个基本的部分理论——广义相对论和量子力学来描述宇宙。它们是本世纪(即 20 世纪,下同——编者注)上半叶的伟大的智慧成就。广义相对论描述引力和宇宙的大尺度结构,也就是从只有几英里直到大至 1 亿亿亿(1 后面跟 24 个 0)英里 (1 英里=1.609 千米),即可观测到的宇宙的尺度的结构。另一方面,量子力学处理极小尺度,例如万亿分之 1 英寸 (1 英寸=2.54 厘米) 的现象。然而可惜的是,这两个理论不是相互协调的——它们不可能都对。当代物理学的一个主要的努力,以及本书的主题,即是寻求一个能将其合并在一起的新理论——量子引力论。我们还没有这样的理论,要获得这个理论,我们可能还有相当长的路要走,然而我们已经知道了这个理论所应具备的许多性质。在以下几章,人们将会看到,我们对量子引力论所应有的预言已经知道得相当多。

图 1.6

牛顿理论按照超距作用的力来描述引力。它在太阳系中很成功,但在强引力场下失效。

量子力学描述原子水平以及更低水平的现象。

广义相对论将引力描述成因为时空中的质量和能量而引起的时空弯曲。物体试图以直线方式运动,但是它们的路径因为时空的弯曲而被弯折。

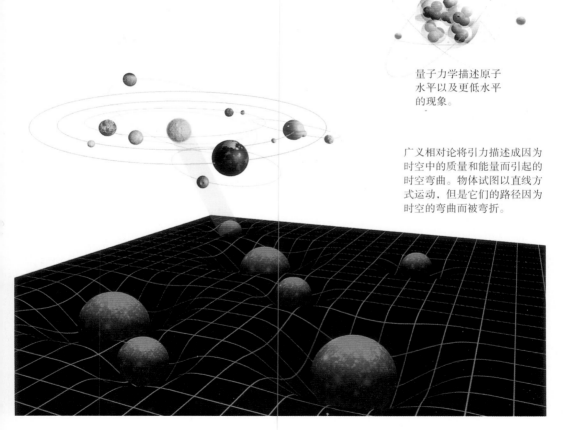

19

———
上图：宏观宇宙。美国航天局哈勃空间望远镜拍摄的哈勃深场图（HDF），在这张"最深"的图中可以看到几百个星系。
———

现在，如果你相信宇宙不是任意的，而是被明确的定律制约的，你最终必须将这些部分理论合并成一个能描述宇宙中万物的完整统一理论。然而，在寻求这样的完整统一理论中有一个基本的矛盾。在前面概括的关于科学理论的思想中，假定我们是理性的生物，既可以随心所欲地观测宇宙，又可以从观察中得出逻辑推论。在这样的方案里可以合理地假设，我们可以越来越接近制约我们宇宙的定律。然而,如果真有一个完整的统一理论,则它大概也将决定我们的行动。这样,理论本身就决定了我们对之探索的结果!那么为什么它保证我们从证据得到正确的结论?难道它不也可以同样地保证我们引出错误的结论吗?或者根本没有结论?

对于这个问题,我所能给出的回答是基于达尔文的自然选择原理。该思想说,在任何自繁殖的群体中,总是存在着不同个体在遗传物质和发育上的变异。这些差异表明,某些个体比其他个体对它们周围的世界更能引出正确的结论,并去适应它。这些个体更可能存活、繁殖,因此它们的行为和思维的模式将越来越起主导作用。以下这一点在过去肯定是真的,即我们称之为智慧和科学发现的东西给我们带来了存活的好处。这种情况是否仍会如此没有这么清楚:我们的科学发现可以轻易地毁灭我们的一切。即使不是这样,一个完整的统一理论对于我们存活的机会不会有很大影响。然而,假定宇宙已经以规则的方式演化至今,我们可以预期,自然选择赋予我们的推理能力在探索完整统一理论时仍然有效,并因此不会导致我们得到错误的结论。

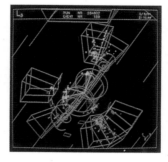

微观宇宙。在欧洲核子研究中心CERN1.3探测器屏幕上看到的,计算机生成的,在粒子水平上的,一个事件的图象。

因为,除了最极端的情况外,我们已有的部分理论足以对所有的一切作出精确的预言,所以,要为探索宇宙的终极理论寻找实用的理由,看来就非常困难了。(值得指出的是,虽然类似的论点在过去既可以用来反对相对论,又可以用来反对量子力学,但这些理论已给我们带来了核能和微电子学的革命!)所以,发现一个完整的统一理论可能对我们种族的存活无助,甚至也不会影响我们的生活方式。然而自从文明开始以来,人们即不甘心于将事件看做互不相关不可理解。他们渴望理解世界的根本秩序。今天我们仍然亟想知道,我们为何在此?我们从何而来?人类求知的最深切的意愿足以为我们从事的不断探索提供充足的理由。而我们的目标恰恰正是对于我们生存其中的宇宙作出完整的描述。

第二章

空间和时间

我们现在关于物体运动的观念来自于伽利略和牛顿。在他们之前，人们相信亚里士多德，他说物体的自然状态是静止的，并且只有在受到力或冲击的推动时才运动。这样，重的物体比轻的物体下落得更快，因为它受到更大的将其拉向地球的力。

亚里士多德的传统观点还以为，人们依靠纯粹思维即可以找出所有制约宇宙的定律：不必要用观测去检验之。这样，在伽利略之前，没有一个人想看看不同重量的物体是否确实以不同速度下落。据说，伽利略从比萨斜塔上将重物落下，从而证明了亚里士多德的信念是错的。这故事几乎不足以信，但是伽利略的确做了一些等效的事：让不同重量的球沿光滑的斜面上滚下（图 2.1）。这种情况类似于重物的垂直下落（图 2.2），只是因为速度小而更容

图 2.1

图 2.2

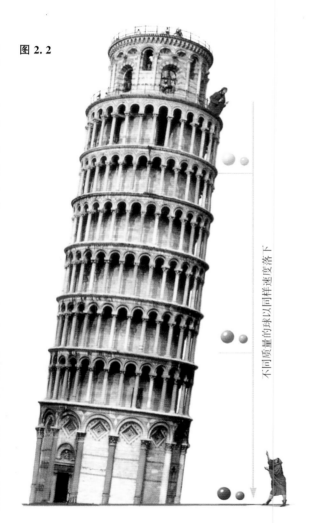

不同质量的球以同样速度落下

伽利略·伽利雷(1564~1642),帕西格纳尼雕刻。虽然伽利略在从比萨斜塔做的实验也许从未发生过,但是,他第一手观察的原则,改变了科学的历史。

易观察而已。伽利略的测量指出,不管物体的重量多少,其速度增加的速率是一样的。例如,你在一个沿水平方向每走 10 米即下降 1 米的斜面上释放 1 个球,则 1 秒钟后球的速度为每秒 1 米,2 秒钟后为每秒 2 米,等等,而不管这个球多重。当然,一个铅锤比一片羽毛下落得更快些,那只是因为空气阻力将羽毛的

图2.3 在月亮上不存在空气阻力，一根羽毛和一个铅球以同样速度下降。

图2.4 物体的加速度越大，则加在上面的力就越大。但是，加速度越小则被加速的物体的质量就越大。

速度降低。如果一个人释放两个不受任何空气阻力的物体，例如两个不同的铅锤，它们则以同样速度下降(图2.2)。在没有空气阻碍东西下落的月球上，航天员大

卫·斯各特进行了羽毛和铅锤实验，并且发现两者确实同时落到月面上(图2.3)。

牛顿把伽利略的测量当做他的运动定律的基础。在伽利略的实验中，当物体从斜坡上滚下时，它一直受到不变外力(它的重量)的作用，其效应是使它恒定地加速。这表明，力的真正效应总是改变物体的速度，而不是像原先想象的那样，仅仅使之运动。同时，它还意味着，只要物体没有受到外力，它就会以同样的速度保持直线运动。这个思想首次在牛顿于1687年出版的《数学原理》(即《自然哲学的数

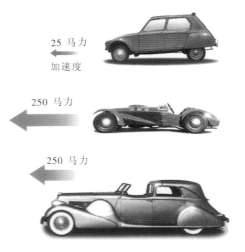

25 马力
加速度

250 马力

250 马力

图2.4

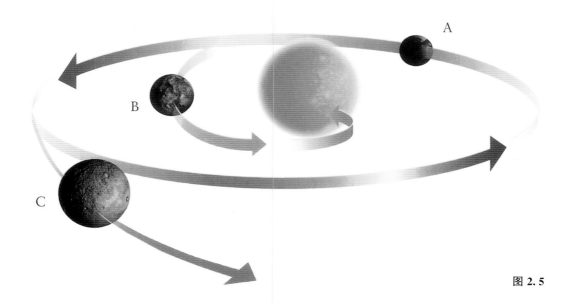

A

B

C

图 2.5

学原理》,下同——编者注)一书中明白地陈
述出来了,并被称为牛顿第一定律。牛顿
第二定律给出物体在受力时发生的现象:
物体在被加速或改变其速度时,其改变率
与所受的外力成比例。(例如,如果力加
倍,则加速度也将加倍。)物体的质量(或
物质的量)越大,则加速度越小(以同样的
力作用于具有两倍质量的物体时只产生
一半的加速度。)小汽车可提供一个熟知
的例子,发动机的功率越大,则加速度越
大,但是小汽车越重,对于同样的发动机,
则加速度越小(图 2.4)。除了他的运动定
律,牛顿还发现了描述引力的定律:任何

图 2.5 如果引力更弱,或者比牛顿理论所预
言的随距离减小得更迅速,围绕着太阳公转的
行星轨道就不会是稳定的椭圆(A)。它们或者
会飞离太阳(C),或者会沿着螺旋形轨道撞到
太阳上去(B)。

两个物体都相互吸引,其引力大小与每个
物体的质量成比例。于是,如果其中一个
物体(例如 A)的质量加倍,则两个物体之
间的引力加倍。这是你能预料得到的,因
为新的物体 A 可看成两个具有原先质量
的物体,每一个用原先的力来吸引物体
B,所以 A 和 B 之间的总力加倍。而如果,
比如说,其中一个物体质量大到原先的 2

图2.6　一辆以每小时30英里运行的电车通过不动的乒乓球手（A）。从（A）的观点看，电车上的球在隔开大约13米的两点间反弹。对于电车上的乒乓球手而言，显得是在同一点弹跳，正如从（A）的观点看由（A）自己反弹的球一样。然而在行星地球上的（A）也穿过空间运动，则对于太阳系中的一位观察者而言，球在两次反弹之间显得运动了大约3万米。

图2.7　如果（B）在以每小时5英里速度向南运行的电车上往北以每小时5英里速度向北行走，则对于地面上的观察者（A）而言显得是静止的。然而，如果他以同样的速度在电车上向北行走（C），则对于同一观察者而言则显得是以每小时10英里的速度运动。

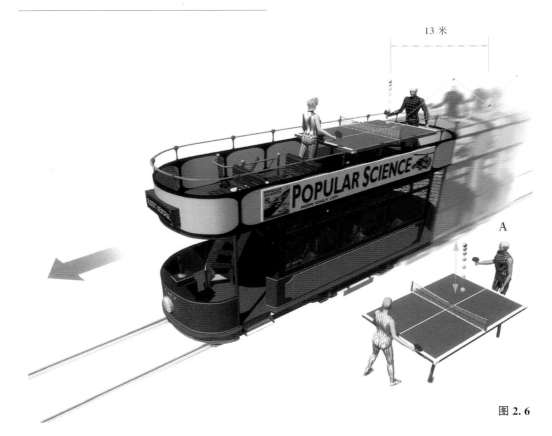

图 2.6

图 2.7

倍,另一物体大到 3 倍,则引力就大到 6 倍。现在人们可以看到,为何落体总以同样的速率下降:具有两倍重量的物体受到将其向下拉的两倍的引力,但它的质量也大到两倍。按照牛顿第二定律,这两个效应刚好相互抵消,所以在所有情形下加速度都是相同的。

牛顿引力定律还告诉我们,物体之间的距离越远,则引力越小。牛顿引力定律讲,一个恒星的引力只是一个类似恒星在距离小一半时的引力的四分之一。这个定律极其精确地预言了地球、月亮和其他行星的轨道。如果这定律中恒星的万有引力随距离减小或者增大得快一些,则行星轨道不再是椭圆的了,它们就会以螺旋线的形状要么盘旋到太阳上去,要么从太阳逃逸(图 2.5)。

亚里士多德和伽利略–牛顿观念的巨大差别在于,亚里士多德相信一个优越的静止状态,任何没有受到外力和冲击的物体都取这种状态。特别是他以为地球是静止的。但是从牛顿定律可以推断,并不存在唯一的静止标准。人们可以讲,物体 A 静止而物体 B 以不变的速度相对于物体 A 运动,或物体 B 静止而物体 A 运动,这两种讲法是等价的。例如,我们暂时不理睬地球的自转和它围绕太阳的公转,则可以讲地球是静止的,一辆有轨电车以每小时 30 英里的速度向东运动, 或有轨电车是静止的, 而地球以每小时 30 英里的速度向西运动(图 2.7)。如果一个人在有轨电车上做运动物体的实验,所有牛顿定律仍然都成立。例如,在有轨电车上打乒乓球,人们将会发现,正如在铁轨旁一张台桌上的球一样，乒乓球服从牛顿定律，所以无法得知究竟是火车还是地球在运动。

缺乏静止的绝对标准意味着，人们不能确定，在不同时间发生的两个事件是否发生在空间的相同位置上。例如，假定在有轨电车上我们的乒乓球直上直下地弹跳，在一秒钟前后两次撞到桌面上的同一处（图2.6）。在铁轨上的人来看，这两次弹跳似乎发生在大约相距13米的不同的位置上，因为在这两回弹跳的时间间隔里，有轨电车已在铁轨上走了这么远。

这样，不存在绝对静止意味着不能像亚里士多德相信的那样，给事件指定一个绝对的空间位置。事件的位置以及它们之间的距离对于在有轨电车上和铁轨上的人来讲是不同的，所以没有理由以为一个人的立场比别人的更优越。

牛顿对不存在绝对位置或所谓绝对空间非常忧虑，因为这和他的绝对上帝的观念不一致。事实上，即使他的定律隐含着绝对空间的不存在，他也拒绝接受。因为这个非理性的信仰，他受到许多人的严厉批评，其中最有名的是贝克莱主教，他是一个相信所有的物质实体、空间和时间

欧尔·罗默在他哥本哈根家中的中星仪。选自《天文学基础》的雕刻画1735年。

都是虚妄的哲学家。当人们将贝克莱的见解告诉著名的约翰逊博士时，他用脚趾踢到一块大石头上，并大叫道："我要这样驳斥它！"

28

亚里士多德和牛顿都相信绝对时间。也就是说,他们相信人们可以毫不含糊地测量两个事件之间的时间间隔,只要用好的钟,不管谁去测量,这个时间都是一样的。时间相对于空间是完全分离并且独立的。这就是大部分人当做常识的观点。然而,我们必须改变这种关于空间和时间的观念。虽然这种显而易见的常识可以很好地对付运动甚慢的诸如苹果、行星的问题,但在处理以光速或接近光速运动的物体时却根本无效。

1676 年,丹麦的天文学家欧尔·克里斯琴森·罗默第一次发现了光以有限但非常高的速度旅行的事实。他观察到,木星的卫星不是以等时间间隔从木星背后出来,不像如果卫星以不变速度围绕木星运动时,人们所预料的那样。当地球和木星都围绕着太阳公转时,它们之间的距离在变化着。罗默注意到,我们离木星越远则木星的月食出现

詹姆士·克拉克·麦克斯韦(1831~1879 年)。

得越晚。他论证道,因为当我们离开更远时,光从木星卫星那里要花更长的时间才能达到我们这里。然而,他测得的木星到地球的距离变化不是非常准确,与现在的每秒 186000 英里的值相比较,那么他的

29

光速的数值为每秒 140000 英里。尽管如此，罗默不仅证明了光以有限速度行进，并且测量了那个速度，他的成就是卓越的——要知道，这一切都是在牛顿发表《数学原理》之前 11 年做出的。

直到 1865 年，当英国的物理学家詹姆士·克拉克·麦克斯韦成功地将直到当时用以描述电力和磁力的部分理论统一起来以后，才有了光传播的正确理论。麦克斯韦方程预言，在合并的电磁场中可以存在波动的微扰，它们以固定的速度，正如池塘水面上的涟漪那样行进。如果这些波的波长（两个相邻波峰之间的距离）为 1 米或更长一些，它们就是我们所谓的射电波。更短波长的波称做微波（几厘米）或红外线（长于万分之一厘米）。可见光的波长在一百万分之四十至一百万分之八十厘米之间。更短的波长被称为紫外线、X 射线和伽马射线。

麦克斯韦理论预言，射电波或光波应以某一固定的速度行进。但是牛顿理论已经摆脱了绝对静止的观念，所以如果假定

阿尔伯特·阿伯拉罕·迈克耳孙(1852~1931)。

爱德华·莫雷 (1838~1923)

光以固定的速度旅行，人们就必须说清这固定的速度是相对于何物来测量的。因此有人提出，存在着一种无所不在的称为"以太"的物质，甚至在"真空的"空间中也是如此。正如声波在空气中旅行一样，光波应该通过以太行进，所以它们的速度应是相对于以太而言的。相对于以太运动的不同观察者，会看到光以不同的速度冲他们而来，但是光对以太的速度保持不变。特别是当地球在它围绕太阳的轨道穿过以太时，在地球通过以太运动的方向测量的光速（当我们对光源运动时）应该大于

朱尔斯·亨利·庞加莱
(1854~1912)

阿尔伯特·爱因斯坦(1879~1955),
德国 1920 年。

在与运动垂直方向测量的光速(当我们不对光源运动时)。1887 年,阿尔伯特·迈克耳孙(他后来成为美国第一位诺贝尔物理学奖获得者)和爱德华·莫雷在克里夫兰的凯思应用科学学校进行了一个非常仔细的实验。他们将沿地球运动方向以及垂直于此方向的光速进行比较,使他们大为惊奇的是,他们发现这两个光速完全一样!

31

在 1887 年至 1905 年之间，依据相对于次太运动的物体收缩和时钟变慢的机制，出现过好几个解释迈克耳孙-莫雷实验的尝试，最著名者为荷兰物理学家亨得利克·洛伦兹做出的。然而，一位迄至当时还默默无闻的瑞士专利局的职员阿尔伯特·爱因斯坦，在 1905 年的一篇著名的论文中指出，只要人们愿意抛弃绝对时间观念的话，整个以太的观念则是多余的。几个星期之后，法国第一流的数学家亨利·庞加莱也提出类似的观点。爱因斯坦的论证比庞加莱的论证更接近物理，后者将其考虑为数学问题。通常将这个新理论归功于爱因斯坦，但人们不会忘记，庞加莱的名字在其中起了重要的作用。

这个被称为相对论的基本假设是，不管观察者以任何速度做自由运动，相对于他们而言，科学定律都应该是一样的。这对于牛顿的运动定律当然是对的，但是现在这个观念被扩展到包括麦克斯韦理论和光速：不管观察者运动多快，他们应测量到一样的光速。这简单的观念有一些非凡的结论。可能最著名者莫过于质量和能量的等价，这可用爱因斯坦著名的方程 $E=mc^2$ 来表达（E 是能量，m 是质量，c 是光速），以及没有任何东西可能行进得比光还快的定律。由于能量和质量的等价，物体由于它的运动具的能量应该加到它的质量上去。换言之，要加速它将更为困难。这个效应只有当物体以接近于光速的速度运动时才有实际的意义。例如，以 10% 光速运动的物体的质量只比原先增加了 0.5%，而以 90% 光速运动的物体，其质量变得比正常质量的两倍还多。当一个物体接近光速时，它的质量上升得越来越快，这样它需要越来越多的能量才能进一步加速上去。实际上它永远不可能达到光速，因为那时质量会变成无限大，而根据质量能量等价原理，这就需要无限大的能量才能做到。由于这个原因，相对论限制了物体运动的速度：任何正常的物体永远以低于光速的速度运动，只有光或其他没有内禀质量的波才能以光速运动。

相对论的一个同等非凡的推论是，它变革了我们空间和时间的观念。在牛顿理论中，如果有一光脉冲从一处发到另一处，（由于时间是绝对的）不同的观测者对这个行程所花的时间不会有异议，但是（因为空间不是绝对的）他们在光行进的距离上不会总取得一致的意见。由于光速

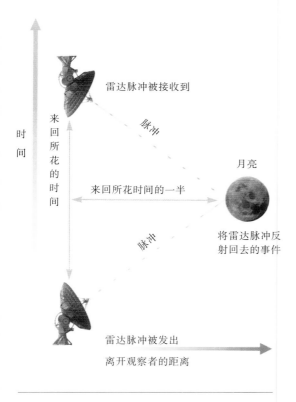

图 2.8　时间用垂直坐标测量，离开观察者的距离用水平坐标测量。观察者在空间和时间里的路径用左边的垂线表示。到事件去和从事件来的光线的路线用对角线表示。

正是它行进过的距离除以花费的时间，不同的观察者就测量到不同的光速。另一方

面，在相对论中，所有的观察者必须在光以多快速度行进上取得一致意见。然而，在光行进过多远的距离上，他们仍然不能取得一致意见。因此，现在他们在光要花费多少时间上应该也不会取得一致意见。（花费的时间正是用光速——对这一点所有的观察者都意见一致——去除光行进过的距离——对这一点他们意见不一致。）换言之，相对论终结了绝对时间的观念！看来每个观察者都一定有他自己的时间测度，这是用他自己所携带的钟记录的，而不同观察者携带的同样的钟的读数不必要一致。

每个观察者都可以利用雷达发出光或射电波脉冲来说明一个事件在何处何时发生。一部分脉冲在事件反射回来后，观察者可在他接收到回波时测量时间。事件的时间可认为是脉冲被发出和反射被接收的两个时刻的中点；而事件的距离可取这来回行程时间的一半乘以光速（在这个意义上，一个事件是发生在空间的单独一点以及时间的指定一点的某件事）。这个思想被显示在图 2.8 上。这是时空图的一个例子。利用这个步骤，做相互运动的观察者对同一事件可赋予不同的时间和

33

位置。没有一个特别的观察者的测量比任何其他人的更正确，但是所有这些测量都是相关的。只要一个观察者知道其他人的相对速度，他就能准确算出其他人会赋予同一事件的时间和位置。

现在我们正是用这种方法来准确地测量距离，因为我们可以将时间测量得比长度更为准确。实际上，米是被定义为光在以铯原子钟测量的 0.000000003335640952 秒内行进的距离(取这个特别数字的原因是，因为它对应于历史上的米的定义——按照保存在巴黎的特定铂棒上的两个刻度之间的距离)。同样地，我们可以用叫做光秒的更方便的新长度单位，这就是简单地定义为光在 1 秒中行进的距离。现在，我们在相对论中按照时间和光速来定义距离，从而，自然而然地，每个观察者都测量出光具有同样的速度（按照定义为每 0.000000003335640952 秒之 1 米）。没有必要引入以太的观念，正如迈克耳孙-莫雷实验显示的那样，以太的存在是无论如何检测不到的。然而，相对论迫使我们从根本上改变了我们的时间和空间观念。我们必须接受，时间不能完全脱离和独立于空间，而必须和空间结合在一起形成所谓

的时空的客体。

我们通常的经验是可以用三个数或坐标去描述空间中的一点的位置。譬如，人们可以说屋子里的一点离开一堵墙 7 英尺(1 英尺=0.3048 米)，离开另一堵墙 3 英尺，并且比地面高 5 英尺。或者人们也可以用一定的纬度、经度和海拔来指定该点。人们可以自由地选用任何三个合适的坐标，虽然它们只在有限的范围内有效。人们不是按照在伦敦皮卡迪里广场以北和以西多少英里以及高于海平面多少英尺来指明月亮的位置，取而代之，人们可用离开太阳、离开行星轨道面的距离以及月亮与太阳的连线和太阳与临近的一个恒星——例如半人马座 α——连线之夹角来描述它的位置。甚至这些坐标对于描写太阳在我们星系中的位置，或我们星系在本星系群中的位置也没有太多用处。事实上，人们可按照一族相互交叠的坐标碎片来描写整个宇宙。在每一碎片中，人们可用不同的三个坐标的集合来指明点的位置。

一个事件是在特定时刻和在空间中特定的一点发生的某件事。这样，人们可以用四个数或坐标来指定它。再说一遍，

坐标系的选择是任意的;人们可以使用任何三个定义好的空间坐标和任何时间测度。在相对论中,在时间和空间坐标之间没有真正的差别,犹如在任何两个空间坐标之间没有真正的差别一样。人们可以选择一族新的坐标,比如说,第一个空间坐标是旧的第一和第二空间坐标的组合。例如,测量地球上一点的位置不用在伦敦皮卡迪里广场以北和以西的里数,而是用在它的东北和西北的里数。类似地,人们在相对论中可以用新的时间坐标,它是旧的时间(以秒作单位)加上往北离开皮卡迪里的距离(以光秒为单位)。

将一个事件的四坐标当做指定其在所谓的时空的四维空间中位置的手段经常是有助的。四维空间是不可想象的。对我个人来说,摹想三维空间已经足够困难!然而很容易画出二维空间图,例如地球的表面(地球的表面是两维的,因为可以用两个坐标,例如纬度和经度,来指明一点的位置。)我将通常使用二维图,向

上增加的方向是时间,水平方向是其中一个空间坐标。不管另外两个空间坐标,或者有时用透视法将其中一个表示出来(这些被称为时空图,如图2.8所示)。例如,在图2.9中时间是向上的,并以年作为测量单位,而沿着从太阳到半人马座α连线的距离在水平方向上以英里为单位来测量。图中的左边和右边的垂线表示太阳和半人马座α通过时空的路径。从太阳发出的光线沿着对角线走,并且要花费4年的时间才能从太阳到达半人马座α。

图2.9 显示一个光信号(对角线)从太阳到达半人马座α的时空图。太阳和半人马座α通过时空的路径是直线。

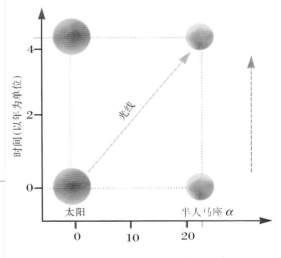

离开太阳的距离(以10¹² 英里为单位)

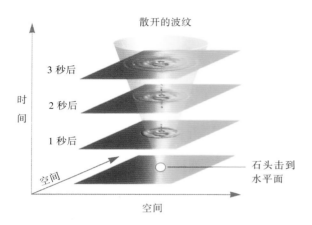

散开的波纹

3 秒后

2 秒后

1 秒后

时
间

空间

石头击到
水平面

空间

图 2.10

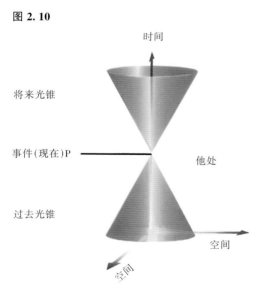

时间

将来光锥

事件(现在)P

他处

过去光锥

空间

空间

图 2.11

正如我们已经看到的，麦克斯韦方程预言，不管光源的速度如何，光速应该是一样的，这已被精密的测量证实。由此推出，如果有一个光脉冲从一特定的空间点在一特定时刻发出，在时间的进程中，它就会作为一个光球面发散开来，而光球面的形状和大小与源的速度无关。在一百万分之一秒后，光就散开成一个半径为 300 米的球面；一百万分之二秒后，半径变成 600 米，等等。这正如同将一块石头扔到池塘里，水表面的涟漪向四周散开一样，涟漪作为一个圆周散开并随时间越变越大。如果人们把不同时刻涟漪

图 2.10　在池塘表面上散开的涟漪的时空图。这些扩大的水波圆圈在具有两个空间方向和一个时间方向的时空中画出一个圆锥。
图 2.11　从事件 P 出发的光脉冲的轨迹在时空中形成所谓 "P 的将来光锥"。类似地，"P 的过去光锥" 是所有将通过事件 P 的光线的轨迹。这两个光锥把时空分成 P 的将来，过去和他处。

图 **2. 12**

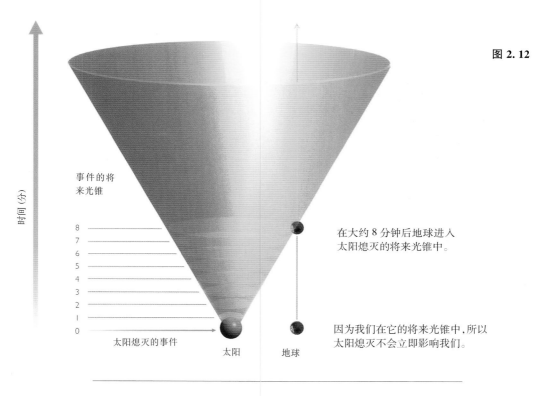

时间 (分)

事件的将来光锥

8
7
6
5
4
3
2
1
0

太阳熄灭的事件

太阳　　　地球

在大约 8 分钟后地球进入太阳熄灭的将来光锥中。

因为我们在它的将来光锥中,所以太阳熄灭不会立即影响我们。

图 2.12　在时空图中显示,我们要等待多久才能知道太阳的熄灭。

的快照逐个堆叠起来,扩大的水波圆周就会画出一个圆锥,其顶点正是石块击到水面的地方和时刻(图 2.10)。类似地,从一个事件散开的光在(四维的)时空里形成了一个(三维的)圆锥,这个圆锥称为事件的将来光锥。以同样的方法可以画出另一个称为过去光锥的圆锥,它表示所有可以用一个光脉冲传播到该事件的事件集合(图 2.11)。

对于给定的事件 P,人们可以将宇宙中的其他事件分成三类。从事件 P 出发由一个粒子或者波以等于或小于光速的速

37

图 2.13

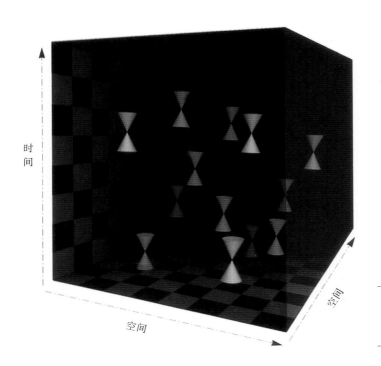

图2.13　当引力效应可被忽略时，所有事件的光锥都朝向同一方向。

度行进能到达的那些事件称为属于 P 的将来。它们处于从事件 P 发射的膨胀的光球面之内或之上。这样，在时空图中它们就处于 P 的将来光锥的里面或上面。因为没有任何东西比光行进得更快，所以在 P 所发生的东西只能影响在 P 的将来中的事件。

类似地，P 的过去可被定义为下述的所有事件的集合，从这些事件可能以等于或小于光速的速度行进到达事件 P。这样，它就是能够影响发生在 P 的事件的所有事件的集合。不处于 P 的将来或过去的事件被称之为处于 P 的他处。在这种事件处所发生的东西既不能影响发生在 P 的

图 2.14

图 2.15

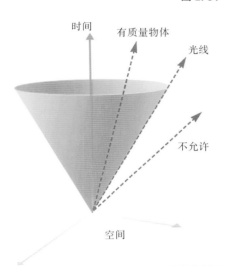

图 2.14 具有质量的物体运动得比光慢。因此,它们的轨迹在将来光锥之内。

图 2.15 在地球上,一条测地线是在所谓大圆上的两点之间的最短程。

事件,也不受发生在 P 的事件的影响。例如,假定太阳就在此刻停止发光,它不会对此刻的地球上的事情发生影响,因为它们是在太阳熄灭这一事件的他处(图 2.12)。我们只能在 8 分钟之后才知道这一事件,这是光从太阳到达我们所花费的时间。只有到那时候,地球上的事件才在太阳熄灭这一事件的将来光锥之内。类似地,我们也不知道这一时刻发生在宇宙中更远处的事:我们看到的从很远星系来的光是在几百万年之前发出的,至于我们看到的最远物体,光是在大约 80 亿年前发出的。这样,当我们看宇宙时,我们是在看它的过去。

如果人们忽略引力效应,正如爱因斯坦和庞加莱 1905 年做的那样,人们就得到了称为狭义相对论的理论。对于时空中的每一事件我们都可以做一个光锥(所有从该事件发出的光的可能路径的集合),由于在每一事件处在任一方向上的光的

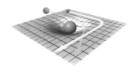

上图：1991 年　日全食时太阳圆盘。

对面图 2.16　太阳（A）的质量畸变了它附近的时空。从一个远处的恒星（B）来的通过太阳附近的光被它折射了，这样在地球（C）上看来，它似乎来自另外一个方向（D）。

速度都是一样的，所以所有光锥都是全等的，并朝着同一方向（图 2.13）。此理论又告诉我们，没有任何东西行进得比光更快。这意味着，通过空间和时间的任何物体的轨迹必须由一根线来表示，而这根线落在它上面的每一事件的光锥之内（图 2.14）。狭义相对论非常成功地解释了如下事实：对所有观察者而言，光速都是一样的（正如迈克耳孙–莫雷实验所展示的那样），并成功地描述了当物体以接近于光速运动时会发生什么。然而，它和牛顿引力理论不相协调。牛顿理论说，物体之

间相互吸引，其吸引力依赖于它们之间的距离。这意味着，如果我们移动其中一个物体，另一物体所受的力就会立即改变。或换言之，引力效应必须以无限速度行进，而不像狭义相对论要求的那样，只能以等于或低于光速的速度行进。爱因斯坦在 1908 年至 1914 年之间进行了多次不成功的尝试，企图找到一个和狭义相对论协调的引力理论。1915 年，他终于提出了今天我们称为广义相对论的理论。

爱因斯坦提出了革命性的思想，即引力不像其他种类的力，它只不过是时空不是平坦的这一事实的结果，而早先人们假定时空是平坦的。在时空中的质量和能量的分布使它弯曲或"翘曲"。像地球这样的物体并非由于称为引力的力使之沿着弯曲轨道运动，相反，它沿着弯曲空间中最接近于直线路径的东西运动，这个东西称为测地线。一根测地线是邻近两点之间最短（或最长）的路径。例如，地球的表面是个弯曲的二维空间。地球上的测地线称为大圆，是两点之间最近的路（图 2.15）。由于测地线是两个机场之间的最短程，这正是领航员叫飞行员飞行的航线。在广义相对论中，物体总是沿着四维时空的直线

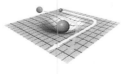

走。尽管如此，在我们看来它在三维空间中是沿着弯曲的路径。（这正如同看一架在非常多山的地面上空飞行的飞机。虽然它沿着三维空间的直线飞，但它在二维的地面上的影子却是沿着一条弯曲的路径。）

太阳的质量以这样的方式弯曲时空，使得在四维的时空中地球虽然沿着直线的路径运动，它却让我们看起来是沿着三维空间中的一个圆周轨道运动。事实上，广义相对论和牛顿引力理论预言的行星轨道几乎完全一致。然而，对于水星，这颗离太阳最近、受到引力效应最强、轨道被拉得相当长的行星，广义相对论预言其轨道椭圆的长轴应围绕着太阳以大约每1万年1度的速率进动。尽管这个效应如此小，但在1915年前即被注意到了，并被作为爱因斯坦理论的第一个验证。近年来，其他行星和牛顿理论预言的甚至更小的轨道偏差已被雷达测量到，并且发现和广义相对论的预言相符。

光线也必须在时空中遵循测地线。时空是弯曲的事实再次意味着，光线在空间中看起来不是沿着直线旅行。这样，广义相对论预言光线必须被引力场折弯。譬如，理论预言，由于太阳的质量的缘故，太阳近处的点的光锥会向内稍微弯折。这表明，从遥远恒星发出的刚好通过太阳附近的光线会被偏折很小的角度，对于地球上的观察者而言，这恒星似乎位于不同的位置(图2.16)。当然，如果从恒星来的光线总是在靠太阳很近的地方穿过，则我们就无从分辨，是光线被偏折了，还是该恒星实际上就在我们看到的地方。然而，由于地球围绕着太阳公转，不同的恒星显得从太阳后面通过，并且它们的光线受到偏折。所以，相对于其他恒星而言，它们改变了表观的位置。

在正常情况下，要观察到这个效应非常困难，这是由于太阳的光线使得人们不可能观看天空上出现在太阳附近的恒星。然而，在日食时就可能观察到，这时太阳的光线被月亮遮住了。由于第一次世界大战正在进行，爱因斯坦光偏折的预言不可能在1915年立即得到验证。直到1919年，一个英国的探险队从西非观测日食，证明光线确实像理论所预言的那样被太阳偏折。这次英国人证明德国人的理论被欢呼为战后两国和好的伟大行动。具有讽刺意味的是，后来人们检查这回探险所拍

图 2.17 人们发现,安放在塔基的更靠近地球的钟比安放在塔顶的钟走得慢一些。

的照片,发现其误差和企图测量的效应同样大。他们的测量纯属运气,或是已知他们所要得的结果的情形,这在科学上时有发生。然而,后来的多次观测准确地证实了光偏折。

广义相对论的另一个预言是,在像地球这样的大质量的物体附近,时间显得流逝得更慢一些。这是因为光能量和它的频率(光在每秒钟里波动的次数)有一种关系:能量越大,则频率越高。当光从地球的引力场往上行进,它失去能量,因而其频率下降(这表明两个相邻波峰之间的时间间隔变大。)在上面的某个人看来,下面发生的每一件事情都显得需要更长的时间。1962 年,人们利用一对安装在水塔顶上和底下的非常准确的钟,验证了这个预言(图 2.17)。发现底下的那只更接近地球的钟走得较慢,这和广义相对论正好相符。目前,随着基于卫星信号的非常精确的导航系统的出现,地球上的不同高度的钟的速度的差异,在实用上具有相当的重要性。如果人们无视广义相对论的预言,计算的位置会错几英里。

牛顿运动定律使在空间中的绝对

位置的观念寿终正寝。而相对论摆脱了绝对时间。考虑一对双生子。假定其中一个孩子去山顶上生活，而另一个留在海平面，第一个将比第二个老得快些。这样，如果他们再次相会，一个会比另一个更老一些。在这个例子中，年纪的差别会非常小。但是，如果有一个孩子在以近于光速运动的航天飞船中作长途旅行，这种差别就会大得多。当他回来时，他会比留在地球上另一个年轻得多。这叫做双生子佯谬，但是，只是对于头脑中仍有绝对时间观念的人而言，这才是佯谬。在相对论中并没有唯一的绝对时间，相反，每个人都有他自己的时间测度，这依赖于他在何处并如何运动。

1915 年之前，空间和时间被认为是事件在其中发生的固定舞台，而它们不受在其中发生的事件的影响。即便在狭义相对论中，这也是对的。物体运动，力吸引并排斥，但时间和空间则完全不受影响地延伸着。空间和时间很自然地被认为无限地向前延伸。

然而在广义相对论中，情况则完全不同。这时，空间和时间变成为动力量：当物体运动，或者力作用时，它影响了空间和时间的曲率；反过来，时空的结构影响了物体运动和力作用的方式。空间和时间不仅去影响、而且被发生在宇宙中的每一件事影响。正如人们没有空间和时间的概念不能谈论宇宙的事件一样，同样地，在广义相对论中，在宇宙界限之外讲空间和时间也是没有意义的。

在以后的几十年中，对空间和时间的这种新理解是对我们宇宙观的变革。旧的宇宙观被新的宇宙观取代了。前者认为宇宙基本上是不变的，它可能已经存在了无限长的时间，并将永远继续存在下去；后者则认为宇宙在运动，在膨胀，它似乎开始于过去的某一个时间，并也许会在将来的某一个时间终结。这个变革正是下一章的内容。几年之后，它又是我研究理论物理的起点。罗杰·彭罗斯和我证明了，爱因斯坦广义相对论意味着，宇宙必须有个开端，并且可能有个终结。

现在时间和空间被认为是每个单独粒子或者行星的动力量，根据它的位置和运动状态而具有自己唯一的时间测度。

第三章

膨胀的宇宙

如果在一个清澈无月的夜晚仰望星空，人们能看到的最亮的星体最可能是金星、火星、木星和土星这几颗行星，还有巨大数目的正像我们太阳但离开我们远得多的恒星。事实上，随着地球围绕着太阳公转，某些固定的恒星相互之间的位置看起来确实起了非常微小的变化——它们不是完全固定不动的！这是因为它们距离我们较近一些。当地球围绕着太阳公转时，相对于更远处的恒星背景，我们从不同的位置观测它们（图3.1）。这是幸运的，因为它使我们能直接测量这些恒星离开我们的距离，它们离我们越近，就显得移动得越多。最近的恒星叫做比邻星，它离我们大约4光年那么远（从它发出的光大约花费4年才能到达地球），也就是大约23万亿英里的距离。其他大部分肉眼可见的恒星离开我们的距离均在几百光年之内。与之相比，太阳仅仅在8光分那么远！可见的恒星散布在整个夜空，但是特别集中在一条称为银河的带上。远在公元1750年，有些天文学家就提出，如果大部分可见的恒星处在一个单独的碟状的结构中，则银河的外观可以得到解释。这个结构便是

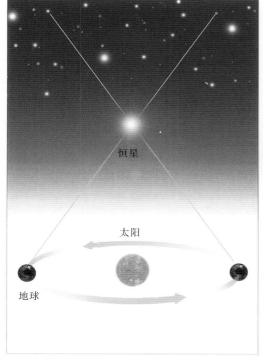

恒星

太阳

地球

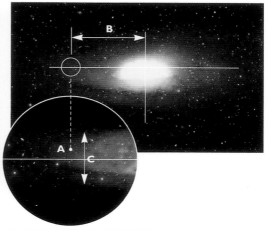

B

A C

左图3.1 随着地球绕太阳公转，附近恒星的
位置相对于更遥远的恒星显得在运动。
右上图3.3 天文学家们一致认为，我们的太
阳大约离开中心（B）25000光年，在圆盘上离
开星系平面（A）68光年。外圆盘在我们邻近
（C）的厚度大约为1300光年。
对面图：螺旋星系——M51。我们自身的星系
被认为和这样的恒星旋涡很类似。

今天我们称为螺旋星系的一个例子。之
后不过几十年，天文学家威廉·赫歇尔爵
士通过对大量恒星的位置和距离进行过
细的编目分类，就证实了这个观念。即便
如此，这个思想在本世纪初才完全被人
们接受。

1924年，我们现代的宇宙图象才被

奠定。那一年，美国天文学家埃德温·哈
勃证明了，我们的星系不是唯一的星系。
事实上，还存在其他许多星系，在它们之
间是巨大的空虚的太空。为了证明这些，
他必须确定这些星系的距离。这些星系
是如此之遥远，不像邻近的恒星那样，它
们确实显得是固定不动的。所以哈勃被

太阳系　　　　　　我们的星系　　　　　　　　局部集团

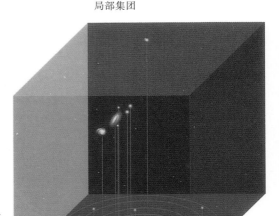

迫用间接的手段去测量这些距离。由于恒星的视亮度取决于两个因素：它辐射出来多少光（它的光度）以及它离我们多远。对于近处的恒星，我们可以测量其视亮度和距离，这样我们可以算出它的光度。相反，如果我们知道其他星系中恒星的光度，我们可用测量它们的视亮度来算出它们的距离。哈勃注意到，当某些类型的恒星近到足以被我们测量时，它们有相同的光度；所以他提出，如果我们在其他星系找出这样的恒星，我们可以假定它们有同样的光度——这样就可计算出那个星系的距离。如果我们能对同一星系中的许多恒星这样做，并且计算结果总是给出相同的距离，则我们就会相当地信赖自己的估计。

图3.2　从左至右：我们的太阳只是组成我们星系，银河系的1000亿个恒星之一。银河系只是局部集团的许多星系之一。局部集团只是形成我们宇宙中最大已知结构的几千个集团和星系团之一。

埃德温·哈勃用上述方法算出了9个不同星系的距离。现在我们知道，我们的星系只是用现代望远镜可以看到的几千亿个星系中的一个，每个星系本身都包含有几千亿颗恒星（图3.3）。第46页的插图所示的便是一个螺旋星系的图，从生活在

星系团

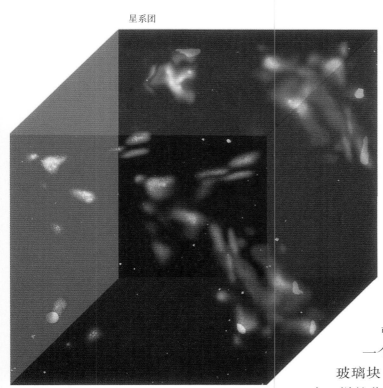

其他星系中的人来看我们的星系，想必也类似这个样子。我们生活在一个宽约为10万光年并慢慢旋转着的星系中；在它的螺旋臂上的恒星围绕着它的中心公转一圈大约花费几亿年。我们的太阳只不过是一颗平常的、平均大小的、黄色的恒星，它位于一个螺旋臂的内边缘附近（图

3.2）。我们离开亚里士多德和托勒密的观念肯定相当远了，那时人们认为地球是宇宙的中心！

恒星离开我们是如此之遥远，使我们只能看到极小的光点，而看不到它们的大小和形状。这样怎么能区分不同的恒星种类呢？对于绝大多数的恒星而言，只有一个特征可供观测——光的颜色。牛顿发现，如果太阳光通过一个称为棱镜的三角形状的玻璃块，就会被分解成像在彩虹中一样的分颜色（它的光谱）。将一台望远镜聚焦在一个单独的恒星或星系上，人们就可类似地观察到从这恒星或星系来的光谱。不同的恒星具有不同的光谱，但是不同颜色的相对亮度总是和人们期望从一个红热的物体发出的光的光谱完全一致。（实际上，从任何不透明的灼热的物体发出的光，有一个只依赖于它的温度

49

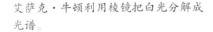
艾萨克·牛顿利用棱镜把白光分解成
光谱。

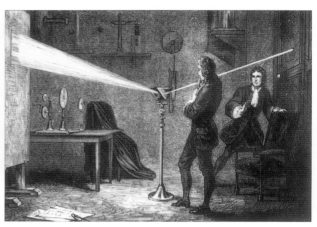

的特征光谱——热谱。这意味着可以从恒星的光谱得知它的温度。）此外，我们发现，某些非常特定的颜色在恒星光谱里丢失，这些失去的颜色可依不同的恒星而异。由于我们知道，每一化学元素吸收非常独特的颜色族系，将它们和恒星光谱中失去的颜色相比较，我们就可以准确地确定恒星大气中存在哪种元素。

在20世纪20年代，当天文学家开始观察其他星系中的恒星光谱时，他们发现了某些最奇异的现象：它们和我们的银河系一样具有吸收的特征线族，只是所有这些线族都向光谱的红端移动了同样的相对量。为了理解其含意，我们必须首先理解

多普勒效应。正如我们已经看到的，可见光由电磁场的起伏或波动构成。光的波长（或者相邻波峰之间的距离）极其微小，约为0.0000004至0.0000008米。光的不同波长正是人眼看成不同颜色的东西，最长的波长出现在光谱的红端，而最短的波长在光谱的蓝端。现在想象在离开我们固定的距离处有一个光源——例如一颗恒星——以固定的波长发出光波（图3.4a）。显然，我们接收到的波长和发射时的波长一样（星系的引力场没有强到足以对它产生明显的效应）。现在假定这恒星光源开始向我们运动。当光源发出第二个波峰时，它离开我们较近一些，这样两个波峰

图 3.4a

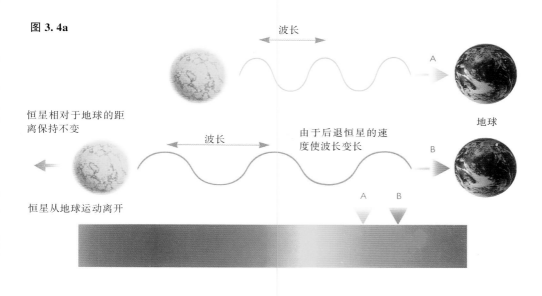

波长

A

恒星相对于地球的距离保持不变

由于后退恒星的速度使波长变长

地球

B

恒星从地球运动离开

波长

A B

图 3.4b

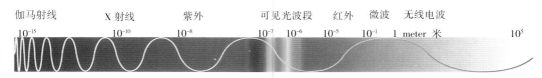

伽马射线		X 射线	紫外		可见光波段	红外	微波	无线电波	
10^{-15}		10^{-10}	10^{-8}		10^{-7} 10^{-6}	10^{-5}	10^{-1}	1 meter 米	10^{5}

之间的距离比恒星静止时较小。这意味着,我们接收到的波的波长比恒星静止时较短。相应地,如果光源离开我们运动,我们接收的波的波长将较长。这意味着,当恒星离开我们而去时,它们的光谱向红端移动(红移);而当恒星趋近我们而来时,

图 3.4a 一个相对于地球静止的恒星发射出固定波长的光,该波长和我们观察到的相同。如果该恒星离开我们运动而去,则两个波峰之间的距离被增加,而我们觉得它的光谱向红端移动。
图 3.4b 全光谱覆盖比我们能观察到的光谱大得多的波长范围。它们从诸如伽马射线之类的非常短的波长延伸到诸如无线电波之类的非常长的波长的范围。

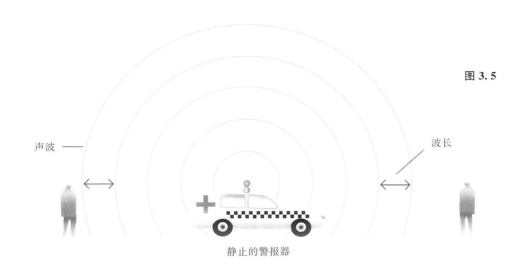

图 3.5

声波 ——

波长

静止的警报器

图 3.5 多普勒效应是包括声波和电磁波在内的所有种类波的一个性质。当一个发射源,诸如救护车警报器向着观察者驶来时,波就向较高频率位移。但它离开接收者而去时,波就向较低频率位移。

光谱则被蓝移。这个称作多普勒效应的频率和速度的关系是我们日常熟悉的。例如听一辆小汽车在路上驶过:当它趋近时,它的发动机的音调变高(对应于声波的短波长和高频率);当它经过我们身边而离开时,它的音调变低(图3.5)。光波或射电波的行为与之类似。警察就是利用多普勒效应的原理,靠测量射电波脉冲从车上反射回来的波长来测定车速。

在哈勃证明了其他星系存在之后的几年里,他花时间为它们的距离编目以及观察它们的光谱。那时候大部分人都以为,这些星系完全是随机地运动的,所以预料会发现和红移光谱一样多的蓝移光谱。因此,当他发现大部分星系是红移的:几乎所有都远离我们而去时,确实令人十分惊异!1929年哈勃发表的结果更令人惊异:甚至星系红移的大小也不是随机的,而是和星系离开我们的距离成正比。或换句话讲,星系越远,它离开我们运动得越快!这表明宇宙不能像人们原先所想象的那样处于静态,而实际上是在膨胀;不同星系之间的距离一直在增加着。

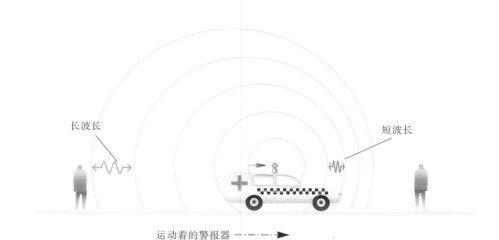

长波长

短波长

运动着的警报器 ---- →

宇宙膨胀的发现是20世纪最伟大的智力革命之一。事后想起来,何以过去从来没有人想到这一点?!牛顿或其他人早就应该意识到,静态的宇宙在引力的影响下会很快开始收缩。然而现在假定宇宙正在膨胀,如果它膨胀得相当慢,引力就会使之最终停止膨胀,然后开始收缩。但是,如果它以比某一临界率更大的速度膨胀,引力则永远不足够强到使它停止膨胀,宇宙就永远继续膨胀下去。这有点像当一个人在地球表面引燃火箭上天时发生的情形,如果火箭的速度相当小,引力将最终使火箭停止并折回地面;另一方面,如果火箭具有比某一临界值(大约每秒7英里)

更大的速度,引力的强度就不足以将其拉回,这样它将继续永远飞离地球。19世纪、18世纪甚至17世纪晚期的任何时候,人们都可以从牛顿的引力论预言出宇宙的这个行为。然而,静态宇宙的信念是如此之强,以至于一直维持到了20世纪的早期。甚至爱因斯坦于1915年发表其广义相对论时,还是这么肯定宇宙必须是静态的,以至于他在其方程中引进一个所谓的宇宙常数来修正自己的理论,使静态的宇宙成为可能。爱因斯坦引入一个新的"反引力",这力不像其他力那样,不由任何特别的源引起,而恰恰是时空结构固有的。他宣称,时空有一内在的膨胀的趋向,这可

阿诺·彭齐亚斯（左）和罗伯特·威尔逊（右）在新泽西州荷姆德尔角状天线之前。他们利用此天线在无意中发现了宇宙微波背景。

以用来刚好去平衡宇宙间所有物质的相互吸引，由此导致一个静态的宇宙。当爱因斯坦和其他物理学家正在想方设法避免广义相对论的非静态宇宙的预言时，看来只有一个人，即俄国物理学家和数学家亚历山大·弗里德曼愿意只用广义相对论着手解释它。

弗里德曼对于宇宙作了两个非常简单的假定：我们不论往哪个方向看，也不论在任何地方进行观察，宇宙看起来都是一样的。弗里德曼指出，仅仅从这两个观念出发，我们就应该预料宇宙不是静态

的。事实上，弗里德曼在1922年所做的预言，正是几年之后埃德温·哈勃观察到的结果。

很清楚，关于宇宙在任何方向上都显得一样的假设，实际上是不对的。例如，正如我们看到的，我们星系中的其他恒星形成了横贯夜空的叫做银河系的光带。但是如果看得更远，星系数目则或多或少显得是相同的。所以假定我们在比星系间距离更大的尺度下来观察，而不管在小尺度下的差异，则宇宙确实在所有的方向看起来是大致一样的。在很长的时间里，这为弗里德曼的假设——作为实际宇宙的粗糙近似提供了充分的理由。但是，近世出现的一桩幸运事件揭示了以下事实，弗里德曼假设实际上异常准确地描述了我们的宇宙。

1965年，美国新泽西州贝尔电话实验室的两位美国物理学家阿诺·彭齐亚斯和罗伯特·威尔逊正在检测一个非常灵敏的微波探测器。（微波正如光波，但是它的波长大约为一厘米。）他们的探测器收到了比预想的还要大的噪声。彭齐亚斯和威尔逊为此而忧虑，这噪声不像是从任何特别的方向来的。首先他们在探测器上发现了鸟粪并检查了其他可能的故障，但很快就排除了这些可能性。他们知道，当探测器倾斜地指向天空时，从大气层里来的任何噪声都应该比原先垂直指向时更强，因为从接近地平线方向接收比起直接从头顶方向接收，光线要穿过多得多的大气。然而，不管探测器朝什么方向，这额外的噪声都是一样的，所以它一定是从大气层以外来的。并且，它在白天、夜晚、整年都是一样，尽管地球围绕着自己的轴自转或围绕太阳公转。这表明，这辐射必须来自太阳系以外，甚至星系之外，否则，当地球的运动使探测器指向不同方向时，噪声就会变化。

事实上，我们！知道这辐射必须穿过我们可观察到的宇宙的大部分才行进至此，并且由于它在不同方向上都一样，如果只在大尺度下，这宇宙也必须是各向同性的。现在我们知道，不管我们朝什么方向看，这噪声的变化总是非常微小：这样，彭齐亚斯和威尔逊无意中非常精确地证实了弗里德曼的第一个假设。然而，由于宇宙并非在每一个方向上，而是在大尺度的平均上完全相同，所以微波也不可能在每一个方向上完全相同。在不同的方向之间必须有一些小变化。1992年宇宙背景探险者，或称为COBE，首次把它们检测到，其幅度大约为十万分之一。尽管这些变化很小，但是正如

图 3.6

图3.6 膨胀的宇宙像一个正在被吹胀的气球。气球表面上的斑点相互离开。但是，没有一个斑点是膨胀的中心。

我们将在第八章解释的，它们非常重要。

　　大约与彭齐亚斯和威尔逊在研究探测器中的噪声的同时，在附近的普林斯顿大学的两位美国物理学家，罗伯特·狄克和詹姆士·皮帕尔斯也对微波感兴趣。他们正在研究乔治·伽莫夫（曾为亚历山大·弗里德曼的学生）的一个见解：早期的宇宙一定是非常密集的、白热的。狄克和皮帕尔斯认为，我们应该仍然能看到早期宇宙的白热，这是因为从它的非常远的部分来的光，刚好现在才到达我们这儿。然而，宇宙的膨胀把光红移得如此厉害，现在只能作为微波辐射被我们观察到。正当狄克和皮帕尔斯准备寻找这辐射时，彭齐亚斯和威尔逊听到了他们的工作，并且意识到，他们自己已经找到了它。为此，彭齐亚斯和威尔逊被授予1978年的诺贝尔奖（狄克和皮帕尔斯看来有点难过，更别提伽莫夫了）。

　　现在初看起来，关于宇宙在任何方向看起来都一样的所有证据似乎暗示，我们在宇宙中的位置有点特殊。特别是，如果我们看到所有其他的星系都远离我们而去，那似乎我们必须在宇宙的中心。然而，还存在另外的解释：从任何其他星系上看宇宙，在任何方向上也都一样。正如我们已经看到的，这是弗里德曼的第二个假设。我们没有任何科学的证据去相信或反驳这个假设。我们之所以相信它只是基于谦虚：因为如果宇宙只在围绕我们的所有方向显得相同，而在围绕宇宙的其他点却并非如此，则是非常令人惊奇的！在弗里

德曼模型中,所有的星系都相互直接离开。这种情形很像一个画上好多斑点的气球被逐渐吹胀。当气球膨胀时,任何两个斑点之间的距离加大,但是没有一个斑点可认为是膨胀的中心(图3.6)。此外,斑点相离得越远,则它们相互离开得越快。类似地,在弗里德曼的模型中,任何两个星系相互离开的速度和它们之间的距离成正比。所以人们预言,星系的红移应与离开我们的距离成正比,这正是哈勃发现的。尽管他的模型取得了成功并预言了哈勃的观测,但是直到1935年,为了响应哈勃的宇宙均匀膨胀的发现,美国物理学家霍瓦德·罗伯逊和英国数学家阿瑟·瓦尔克发现了类似的模型后,弗里德曼的工作才在西方被普遍知道。

虽然弗里德曼只找到一个模型,但其实满足他的两个基本假设的共有三类模型。在第一类模型(即弗里德曼找到的)中,宇宙膨胀得足够慢,这样不同星系之间的引力使膨胀减缓,并最终停止。然后星系开始相互靠近,而宇宙收缩。图3.7表示随着时间增加两个邻近星系之间距离的变化。刚开始时距离为零,接着它增长

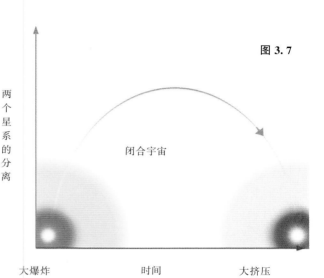

图 **3.7**

两个星系的分离

闭合宇宙

大爆炸　　　时间　　　大挤压

图 3.7　在弗里德曼的宇宙模型中所有星系一开始都相互离开。宇宙一直膨胀到它的最大尺度,然而被收缩回到一点。

到最大值,然后又减小到零。在第二类解中,宇宙膨胀得如此之快,引力虽然能使之缓慢一些,却永远不能使之停止。图3.8展示在此模型中的邻近星系之间的距离。刚开始时距离为零,最后星系以稳恒的速度相互离开。最后,还有第三类解,宇宙的膨胀快到足以刚好避免坍缩。正如图3.9所示的,星系的距离也从零开始,然后永远增大。然而,虽然星系分开的速度永远不会完全变为零,但是却会越变越小。

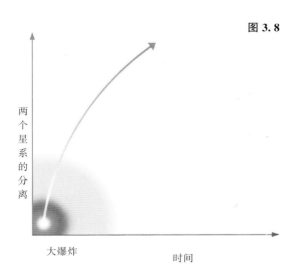

图 3.8

两个星系的分离

大爆炸　　　　　　时间

图 3.9

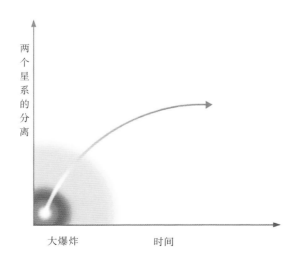

两个星系的分离

大爆炸　　　　　　时间

第一类弗里德曼模型的奇异特点是，宇宙在空间上不是无限的，但却没有边界。引力如此强大，将空间折弯使之再绕回到自身，这样就和地球的表面相当类似。如果有人在地球的表面上沿着一定的方向不停地旅行，他将永远不会遇到一个不可超越的障碍或从边缘掉下去，反而最终回到他出发的那一点。第一类弗里德曼模型中的空间与此非常相像，只不过地球表面是二维的，而它是三维的罢了。第四维时间在范围上也是有限的，然而它像一根有两个端点或边界即开端和终端的线。以后我们会看到，当人们将广义相对论和量子力学的不确定性原理结合在一起时，就可能使空间和时间都成为有限的，而没有任何边缘或边界。

图3.8　在宇宙的"开放"模型中，引力永远不能战胜星系的运动,而宇宙永远膨胀下去。

图3.9　在宇宙的"平坦"模型中，引力吸引刚好和星系的运动平衡。宇宙避免坍缩，而星系的运动越来越慢。但是，永远不会完全静止。

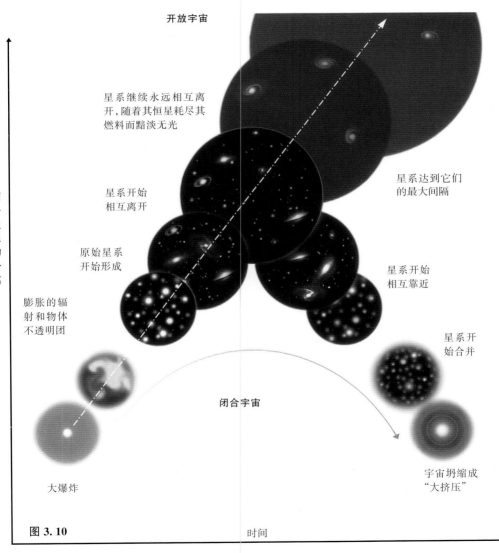

开放宇宙

星系继续永远相互离开,随着其恒星耗尽其燃料而黯淡无光

星系达到它们的最大间隔

两个星系的分离

星系开始相互离开

原始星系开始形成

星系开始相互靠近

膨胀的辐射和物体不透明团

星系开始合并

闭合宇宙

大爆炸

宇宙坍缩成"大挤压"

图 3.10

时间

59

一个人可以绕宇宙一周最终回到出发点的思想是科学幻想的好题材,但它在实际上并没有多大意义。因为可以证明,一个人还没来得及绕回一圈,宇宙已经坍缩到了零尺度。你必须旅行得比光还快,才能在宇宙终结之前绕回到你的出发点——而这是不允许的!

在第一类弗里德曼模型中,宇宙膨胀后又坍缩,空间如同地球表面那样,弯曲后又折回到自身。在第二类永远膨胀的模型中,空间以另外的方式弯曲,如同一个马鞍面。所以,在这种情形下,空间是无限的。最后,在第三类刚好以临界速率膨胀的弗里德曼模型中,空间是平坦的(而因此也是无限的)。

但是究竟何种弗里德曼模型描述我们的宇宙呢?宇宙最终会停止膨胀并开始收缩,还是将永远膨胀下去吗?要回答这个问题,我们必须知道现在的宇宙膨胀速度和它现在的平均密度。如果密度比一个由膨胀率决定的临界值还小,则引力太弱不足以将膨胀停止;如果密度比这临界值大,则引力会在未来的某一时刻将膨胀停止并使宇宙坍缩。

利用多普勒效应,可由测量星系离开我们的速度来确定现在的膨胀速度。这可以非常精确地实现。然而,因为我们只能间接地测量星系的距离,所以它们的距离知道得不很清楚。我们知道的不过是,宇宙在每10亿年里膨胀5%~10%。然而,我们对现在宇宙的平均密度测量得更不准确。我们如果将银河系和其他星系的所有能看到恒星的质量加起来,甚至按对膨胀率的最低的估值而言,其质量总量还不到用以阻止膨胀的临界值的1%。然而,在我们以及其他星系里应该包含大量的"暗物质",那是我们不能直接看到的,但由于它的引力对星系中恒星轨道的影响,我们知道它必定存在。此外人们发现,大多数星系是成团的。我们能类似地推断,由其对星系运动的效应,在这些成团的星系之间还存在更多的暗物质。将所有这些暗物质加在一起,我们仍只能获得为停止膨胀必需的密度的十分之一左右。然而,我们不能排除这样的可能性,可能还有我们尚未探测到的其他的物质形式,它们几乎均匀地分布于整个宇宙中,它仍可能使得宇宙的平均密度达到停止膨胀所必需的临界值。所以,现在的证据暗示,宇宙可能会永远地膨胀下去。但是，所有我们能真正肯定的是，既然它已经至少膨胀了100亿年，即便宇宙将要坍缩，至少要再过这么久才有可能。这不应使我们过度忧虑——到那时候，除非我们已到太阳系以外开拓了殖民地，否则人类早就随着太阳的消灭而死亡殆尽！

所有的弗里德曼解都具有一个特点，即在过去的某一时刻（约100亿至200亿年之前）邻近星系之间的距离一定为零。在这被我们称之为大爆炸的那一时刻，宇宙的密度和时空曲率都是无限大。因为数学不能真正地处理无限大的数，这意味着，广义相对论（弗里德曼解以此为基础）预言，在宇宙中存在一点，在该处理论本身崩溃。这样的点正是数学中称为奇点的一个例子。事实上，我们所有的科学理论都是基于时空是光滑的和几乎平坦的基础上表述的，所以它们在时空曲率为无限大的大爆炸奇点处崩溃。这意味着，即使

在大爆炸前存在事件，人们也不能用它们去确定其后所要发生的事件，因为可预见性在大爆炸处崩溃了。

相应地，如果——事实也正是如此——我们只知道在大爆炸后发生的事件，我们就不能确定在这之前发生什么。就我们而言，大爆炸之前的事件不能有后果，所以并不构成我们宇宙的科学模型的一部分。因此，我们应将它们从模型中割除掉，并宣称时间是从大爆炸开始的。

很多人不喜欢时间有个开端的观念，可能是因为它略带有神的干涉的味道。（另一方面，天主教会抓住了大爆炸模型，并在1951年正式宣告，它和《圣经》相和谐。）因此，人们多次企图避免曾经存在过大爆炸的这一结论。所谓的稳态理论得到过最广泛的支持。这是由纳粹占领的奥地利来的两个难民——赫曼·邦迪和托马斯·高尔德，以及一个在战时

从左至右:稳态理论的提出者弗雷德·霍伊尔、托马斯·高尔德和赫曼·邦迪。后来的观测并不支持该理论。尽管如此,霍伊尔相信这些观测被解释错了并且继续坚持。

和他们一道从事雷达研制的英国人——弗雷德·霍伊尔于1948年共同提出的。其想法是,当星系相互离开时,由正在连续产生的新物质在它们中的间隙不断地形成新的星系(图3.11)。因此,在空间的所有点以及在所有的时间,宇宙看起来在大致上是相同的。稳态理论需要对广义相对论进行修正,使之允许物质的连续生成,但是有关的产生率是如此之低(大约每年每立方千米一个粒子),低到不与实验相冲突。在第一章叙述的意义上,这是一个好的科学理论:它非常简单,并做出确定的预言可让观察者检验。其中一个预言是,我们无论在宇宙的何时何地看给定的空间体积内星系或类似物体的数目必须一样。20世纪50年代晚期和60年代早期,由马丁·赖尔(他在战时也和邦迪、高尔德以及霍伊尔共事,作雷达研究)领导的一个天文学家小组在剑桥对从外空间来的射电源进行了普查。这

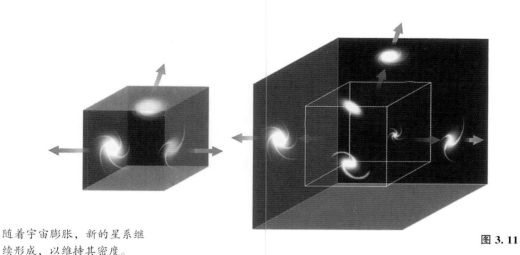

随着宇宙膨胀，新的星系继
续形成，以维持其密度。

图 3.11

个剑桥小组指出，这些射电源的大多数必须位于我们星系之外（它们中的许多确实可被认证与其他星系相关），并且存在的弱源比强源多得多。他们将弱源解释为较远的源，强源为较近的源。结果发现，单位空间体积内普通的源似乎在近处比远处稀少。这可能表明，我们处于宇宙的一个巨大区域的中心，这里的源比其他地方稀少。另外的一个解释是，宇宙在射电波向我们出发的过去的那一时刻具有比现在更密集的源。任何一种解释都和稳态理论相矛盾。此外，1965年彭齐亚斯和威尔逊的微波背景辐射的发现还指出，宇宙在过去必定密集得多。因此必须抛弃稳态理论。

1963年，两位苏联科学家欧格尼·利弗席兹和艾萨克·哈拉尼可夫做了另外的尝试，设法避免存在大爆炸并因此引起时间起点的问题。他们提出，大爆炸可能只是弗里德曼模型的特性，这个模型毕竟只是真实宇宙的近似。也许，在所有大体类似实在宇宙的模型中，只有弗里德曼模型包含大爆炸奇点。在弗里德曼模型中，所有星系都直接相互离开——所以一点都不奇怪，在过去的某一时刻它们必须在同一处。然而，在实际的宇宙中，星系不仅仅直接相互离开，它们还有一些斜向速度。所以，在实际上它们从来没必要恰好在同一处,只不过非常靠近而已。也许,现在膨胀着的宇宙不是来自于大爆炸奇点,而是来自于更早期的收缩相;当宇宙坍缩时,其中的粒子可以不都碰撞,而是相互离得很近飞过然后又离开,产生了现在的宇宙膨胀。那么何以得知这实际的宇宙是否从大爆炸起始的呢?利弗席兹和哈拉尼可夫所做的,是去研究大体和弗里德曼模型相像的宇宙模型,但是考虑了实际宇宙中的星系的不规则性和杂乱速度。他们指出,即使星系不再总是直接相互离开,这样的模型也可以从一个大爆炸开始。但是他们宣称,这只在某些例外的模型中仍然可能发生,那里所有星系都以正确的方式运动。他们论证道,似乎没有大爆炸奇点的类弗里德曼模型比有此奇点的模型多无限多倍,所以我们的结论应该是,在实际上并没有过大爆炸。然而,他们后来意识到,存在更为广泛的具有奇点的类弗里德曼模型,那里的星系不必以任何特别的

理论数学家罗杰·彭罗斯在1980年拍摄于牛津。

方式运动。所以,他们在1970年撤回了自己的主张。

利弗席兹和哈拉尼可夫的工作是有

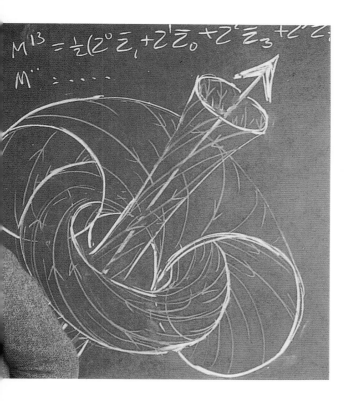

完全不同的手段给出了回答。利用广义相对论中光锥行为的方式以及引力总是吸引这个事实，他证明了，坍缩的恒星在自己的引力作用下陷入到一个区域之中，其表面最终缩小到零。并且由于这区域的表面缩小到零，它的体积也应如此。恒星中的所有物质将被压缩到一个零体积的区域里，所以物质的密度和时空的曲率变成无限大。换言之，人们得到了一个奇点，它被包含在一个叫做黑洞的时空区域中（图3.12A）。

彭罗斯的结果乍看起来只适用于恒星；它并没有涉及任何关于整个宇宙的过去是否有个大爆炸奇点的问题。然而，当彭罗斯在创作他的定理之时，我还是一名研究生，正在尽力寻求一个完成博士论文的问题。两年之前我即被诊断得了肌萎缩性（脊椎）侧索硬化症，通常又称为卢伽雷病或运动神经细胞病，并且得知只有一两年可活了。在这种情况下，看来没有很

价值的。因为它显示了，如果广义相对论是正确的，宇宙可以有过奇点，一个大爆炸。然而，它没有解决关键的问题：广义相对论是否预言我们的宇宙一定有过大爆炸或时间的开端？对于这个问题，英国数学家兼物理学家罗杰·彭罗斯在1965年以

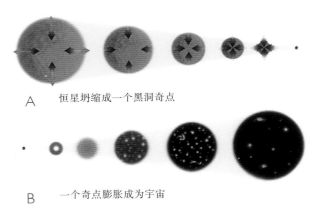

A　恒星坍缩成一个黑洞奇点

B　一个奇点膨胀成为宇宙

图 3.12　从大爆炸来的宇宙膨胀正如一个恒星坍缩成一个黑洞奇点的时间反演。

多必要攻读博士学位了——我预料不能活那么久。然而两年过去了,我没有糟到那种程度。事实上,我的事情还进行得相当好,还和一个非常好的姑娘简·瓦尔德订婚了。但是为了结婚,我需要一份工作;为了得到工作,我需要一个博士学位。

1965年,我读到彭罗斯关于任何物体受到引力坍缩必定最终形成一个奇点的定理。我很快意识到,如果人们将彭罗斯定理中的时间方向颠倒以使坍缩变成膨胀,假定现在宇宙在大尺度上大体类似弗里德曼模型,这定理的条件仍然成立。彭罗斯定理已经指出,任何坍缩星体必定终结于一个奇点;其时间颠倒的论证则是,任何类弗里德曼膨胀宇宙一定是从一个奇点开始。为了技巧上的原因,彭罗斯定理需要宇宙在空间上是无限的条件。于是,在实质上,我能用它来证明,只有当宇宙膨胀得快到足以避免重新坍缩时(因为只有那些弗里德曼模型才是空间无限的),才一定存在一个奇点。

在随后的几年中,我发展了新的数学技巧,从用于证明奇点一定发生的定理中除去了这个和其他技术上的条件。最后的结果是1970年彭罗斯和我的合作论文。那篇论文最后证明了,假定广义相对论是正确的,而且宇宙包含着我们观测到的这么多物质,则过去一定有过一个大爆炸奇点。我们的工作遭遇到许多的反对,部分来自苏联人,由于他们对马克思主义科学决定论的信仰;另一部分来自某些人,他们认为整个奇点的观念是不一致的,并糟

史蒂芬·霍金 1962 年毕业于牛津。

蹋了爱因斯坦理论的完美。然而，人实在不能辩赢数学定理。所以我们的工作最终被广泛接受，现在几乎每个人都假定宇宙是从一个大爆炸奇点起始的。颇具讽刺意味的是，现在我改变了想法，试图去说服其他物理学家，事实上在宇宙的开端并没有奇点——正如我们将要看到的，一旦考虑了量子效应，奇点就会消失。

我们在这一章已经看到，在不到半个世纪的时间里，人们几千年来形成的宇宙观被转变了。哈勃关于宇宙膨胀的发现，以及关于我们自己的行星在茫茫宇宙中微不足道的认识，只不过是起点而已。随着实验和理论证据的积累，人们越来越清楚地认识到，宇宙在时间上必须有个开端。直到1970年，在爱因斯坦广义相对论的基础上，彭罗斯和我才证明了它。这个证明显示，广义相对论只是一个不完全的理论，它不能告诉我们宇宙是如何开始的，因为它预言，所有包括它自己在内的物理理论都在宇宙的开端失效。然而，广义相对论宣称自己只是一个部分理论，所以奇点定理真正显示的是，在极早期宇宙中一定有过一个时刻，那时宇宙是如此之小，人们不能再不理会20世纪另一个伟大的部分理论，量子力学的小尺度效应。20世纪70年代初期，我们被迫从极其巨大范围的理论理解宇宙转变到从极其微小范围的理论理解宇宙。在我们努力将这两个部分理论结合成一个单一的量子引力论之前，下面首先描述量子力学这个理论。

第四章

不确定性原理

科学理论，尤其是牛顿引力论的成功，使得法国科学家拉普拉斯侯爵在19世纪初论断，宇宙是完全决定论的。拉普拉斯提出，应该存在一族科学定律，只要我们知道宇宙在某一时刻的完全的状态，我们便能预言宇宙中将会发生的任一事件。例如，假定我们知道某一个时刻的太阳和行星的位置和速度，则可用牛顿定律计算出在任何其他时刻的太阳系的状态。这种情形下的决定论是显而易见的，但拉普拉斯走得更远，他假定存在着某些类似定律，它们制约其他所有事物，包括人类的行为。

很多人强烈地抵制这种科学决定论的教义，他们感到这侵犯了上帝干涉世界的自由。但直到20世纪初，这种观念仍被认为是科学的标准假定。英国科学家瑞利勋爵和詹姆士·金斯爵士做的一个计算，它是这种信念必须被抛弃的一个最初的征兆。他们指出一个热的物体，例如恒星，一定以无限大的速率辐射出能量。按照当时人们相信的定律，一个热体必须在所有的频率同等地发出电磁波（诸如射电波、可见光或X射线）。例如，一个热体在每秒1万亿次波动

68

图 4.1

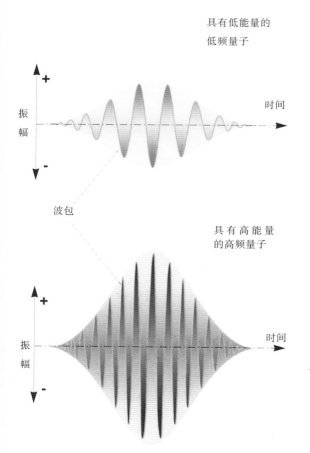

具有低能量的
低频量子

振幅

时间

+

-

波包

具有高能量
的高频量子

振幅

时间

+

-

至2万亿次波动频率之间的波发出和在每秒2万亿次波动至3万亿次波动频率之间的波同样的能量。而既然每秒波动数是无限的，这意味着辐射出的总能量也必须是无限的。

为了避免这显然荒谬的结果，德国科学家马克斯·普朗克在1900年提出，光波、X射线和其他波不能以任意的速率辐射，而只能以某种称为量子的波包发射（图4.1）。此外，每个量子具有确定的能量，波的频率越高，其能量越大。这样，在足够高的频率下，辐射单个量子所需要的能量比所能得到的还要多。因此，在高频下的辐射减少了，这样物体丧失能量的速率就变成有限的了。

对面图：彼埃尔·西蒙·拉普拉斯(1749~1827)。
图 4.1 马克斯·普朗克假设，光只能以波包或量子的形式出现，它是具有与其频率成比例的能量的一串波。

图 4.2

高频率光比低频率光
扰动粒子速度更甚

　　用来观测粒子的光的波
长越长，则粒子位置的不确
定性越大，而粒子速度的确
定性越大。

观察者

　　用来观测粒子的光的波
长越短，则粒子位置的确定性
越大，而粒子速度的不确定性
越大。

图 4.3

粒子位置的　　　　　　粒子质量
不确定性

粒子速度的　　　　　　不小于普
不确定性　　　　　　　朗克常量

右图：威纳·海森伯(1901~1976)以他的不确定性原理而为大家所熟知。其原理是讲不可能同时精确地确定一个粒子的位置和速度。在上面的图4.3中阐释这个原理的方程中的纪念币上刻有马克斯·普朗克的头像。

　　量子假设可以非常成功地解释观测到的热体的辐射发射率，但直到1926年另一位德国科学家威纳·海森伯提出著名的不确定性原理之后，人们才意识到它对决定论的含义。为了预言一个粒子未来的位置和速度，人们必须能够准确地测量它现在的位置和速度。显而易见的办法是将光照到这粒子上(图4.2)。一部分光波被此粒子散射开来，由此指明它的位置。然而，人们不可能将粒子的位置确定到比光的

两个波峰之间距离更小的程度，所以为了精确测量粒子的位置，必须用短波长的光。可是，由普朗克的量子假设，人们不能用任意小量的光；人们至少要用一个光量子。这量子会扰动这粒子，并以一种不能预见的方式改变粒子的速度。此外，位置测量得越准确，所需的波长就越短，单个量子的能量就越大，这样粒子的速度就被扰动得越厉害。换言之，你对粒子的位置测量得越准确，你对速度的测量就越不准

71

确，反之亦然。海森伯指出，粒子位置的不确定性乘以粒子质量再乘以速度的不确定性不能小于一个确定量，该确定量称为普朗克常量(图4.3)。并且，这个极限既不依赖于测量粒子位置和速度的方法，也不依赖于粒子的种类。海森伯不确定性原理是世界的一个基本的不可回避的性质。

不确定性原理对我们的世界观有非常深远的影响。甚至到了70多年之后，许多哲学家还不能充分鉴赏它，它仍然是许多争议的主题。不确定性原理使拉普拉斯的科学理论，即一个完全确定性的宇宙模型的梦想寿终正寝：如果人们甚至不能准确地测量宇宙现在的状态，那么就肯定不能准确地预言将来的事件！我们仍然可以想象，对于一些超自然的生物，存在一族完全的决定事件的定律，这些生物能够不干扰宇宙地观测宇宙现在的状态。然而，对于我们这些芸芸众生而言，这样的宇宙模型并没有太多的兴趣。看来，最好是采用称为奥铿剃刀的经济原理，将理论中不能被观测到的所有特征都割除掉。20世纪20年代，在不确定性原理的基础上，海森伯、厄文·薛定谔和保尔·狄拉克运用这种

手段将力学重新表述成称为量子力学的新理论。在此理论中，粒子不再分别有很好定义的而又不能被观测的位置和速度。取而代之，粒子具有位置和速度的一个结合物，即量子态。

一般而言，量子力学并不对一次观测确定地预言一个单独的结果。取而代之，它预言一组可能发生的不同结果，并告诉我们每个结果出现的概率。也就是说，如果我们对大量类似的系统作同样的测量，

厄文·薛定谔(1887~1961)

72

每一个系统以同样的方式起始,我们将会找到测量的结果为A出现一定的次数,为B出现另一不同的次数,等等。人们可以预言结果为A或B的出现的次数的近似值,但不能对个别测量的特定结果作出预言。因而量子力学把非预见性或随机性的不可避免因素引进了科学。尽管爱因斯坦在发展这些观念时起了很大作用,但他非常强烈地反对这些。他之所以得到诺贝尔奖就是因为他对量子理论的贡献。即使这样,他也从不接受宇宙受机缘控制的观点;他的情绪可以用他著名的断言来表达:"上帝不掷骰子。"然而,其他大多数科学家愿意接受量子力学,因为它和实验符合得很完美。它的的确确成为一个极其成功的理论,并成为几乎所有现代科学技术的基础。它制约着晶体管和集成电路的行为,而这些正是电子设备诸如电视、计算机的基本元件。它还是现代化学和生物学的基础。物理科学未让量子力学适当结合进去的仅有领域是引力和宇宙的大尺度结构。

虽然光是由波组成的,普朗克的量子假设告诉我们,在某些方面,它的行为似乎显现出它是由粒子组成的——它只能以波包或量子的形式发射或吸收。同样地,海森伯的不确定性原理意味着,粒子在某些方面的行为像波一样:它们没有确定的位置,而是被"抹平"成一定的几率分布。量子力学的理论是基于一个全新的数学基础之上,不再按照粒子和波来描述实际的世界;而只不过利用这些术语,来描述对世界的观测而已。这样,在量子力学中存在着波和粒子的二重性:为了某些目的将考虑粒子成波是有用的,而为了其他目的最好将波考虑成粒子。这导致一个很重要的结果,人们可以观察到两束波或粒子之间的所谓的干涉。那也就是,一束波的波峰可以和另一束波的波谷相重合。这两束波就相互抵消(图4.4),而不像人们预料的那样,叠加在一起形成更强的波(图4.5)。一个光干涉的熟知例子是,肥皂泡上经常能看到颜色。这是因为从形成泡的很薄的水膜的两边的光反射引起的。白光由所有不同波长或颜色的光波组成,在从水膜一边反射回来的具有一定波长的波的波峰和从另一边反射的波谷相重合时,对应于此波长的颜色就不在反射光中

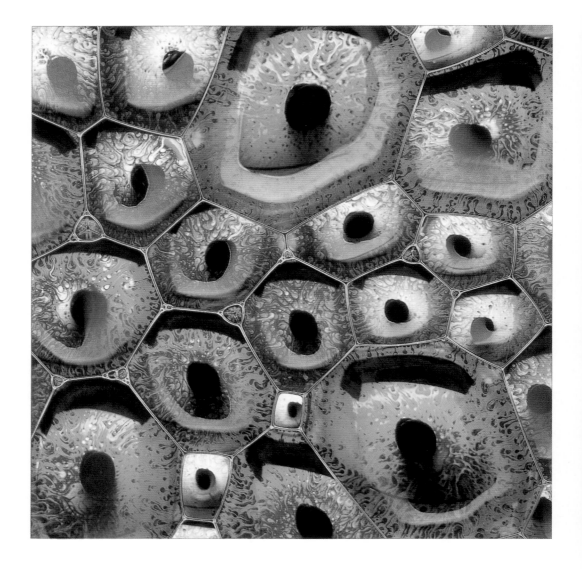

异相

同相

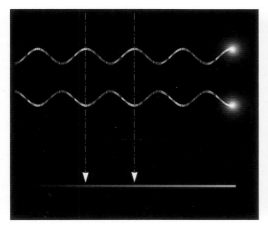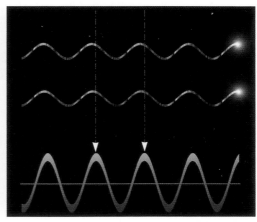

图 4.4　当波动异相时其波峰和波谷相互抵消。

图 4.5　当波动同相时其波峰和波谷分别重合并相互增强。

出现,所以反射光就显得五彩缤纷。

　　由于量子力学引进的二重性,粒子也会产生干涉。所谓的双缝实验即是著名的例子(图4.6)。考虑一个带有两个平行狭缝的隔板,在它的一边放上一个特定颜色

对面图:肥皂泡。在泡泡中看到的绚丽无比的颜色是起因于从水的薄膜两边反射来的光的干涉模式。

(即特定波长)的光源。大部分光都射在隔板上,但是一小部分光通过这两条缝。现在假定将一个屏幕放到隔板的另一边,屏幕上的任何一点都能接收到两条狭缝来的波。然而,一般来说,光从光源通过这两条狭缝传到屏幕上的距离是不同的。这表明,从狭缝来的光到达屏幕之时不再是相互同相的:有些地方波相互抵消,其他地方它们相互加强,结果形成有亮暗条纹的

图 4.6 双缝产生明暗条纹。其原因是从双缝来的波在屏幕的不同部分相互叠加或者相互抵消。利用粒子,譬如电子得到类似的条纹,证明它们的行为和波相似。

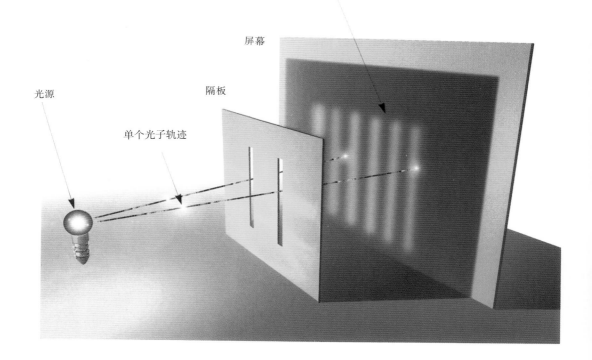

明暗条纹

屏幕

隔板

光源

单个光子轨迹

特征花样。

非常令人惊异的是，如果将光源换成粒子源，譬如具有一定速度（这表明其对应的波有确定的波长）的电子束，人们得到完全同样类型的条纹。这显得更为古怪，因为如果只有一条裂缝，则得不到任何条纹，只不过是电子通过这屏幕的均匀分布。人们因此可能会想到，另开一条缝只不过是打到屏幕上每一点的电子数目增加而已。但是，实际上由于干涉，在某些地方反而减少了。如果在一个时刻只有一个电子被发出通过狭缝，人们会以为，每个电子只穿过这条或那条缝，这样它的行为正如只存在通过的那条缝一样——屏幕会给出一个均匀的分布。然而，实际上即便每次一个地发出电子，条纹仍然出现。因此，每个电子准是在同一时刻通过两条小缝！

粒子间的干涉现象，对于我们理解原子的结构至为关键，后者是作为化学和生物的基元，以及由之组成我们和我们周围所有一切的构件。在本世纪（即20世纪——编者注）初，人们认为原子和行星围绕着太阳公转相当类似，电子（带负电荷的粒子）围绕着带正电荷的中心的核公转。人们以为正电荷和负电荷之间的吸引力维持电子的轨道，正如同行星和太阳之间的万有引力维持行星的轨道一样（图4.7-2）。麻烦在于，在量子力学之前，力学和电学的定律预言，电子会失去能量并以螺旋线的轨道落向并最终撞击到核上去。这表明原子（实际上所有的物质）都会很快地坍缩成一种非常高密度的状态。丹麦科学家尼尔斯·玻尔在1913年，为此问题找到了部分的解答。他提出，也许电子不能在离中心核任意远的地方，而只能在一些指定的距离处公转。如果我们再假定，只有一个或两个电子能在这些距离上的任一轨道上公转，因为电子除了充满最小距离和最小能量的轨道外，不能进一步向里螺旋靠近，这就解决了原子坍缩的问题。

对于最简单的原子氢原子，这个模型给出了相当好的解释，这里只有一个电子围绕着原子核运动。但人们不清楚如何将其推广到更复杂的原子上去。并且，可允许轨道有限集合的思想似乎显得非常任意。量子力学的新理论解决了这一困难。原来一个围绕核运动的电子可被认为是一个波，其波长依赖于其速度。对于一定的轨道，轨道的长度对应于整数（而不是分数）倍电子的波长。对于这些轨道，每绕一圈波峰总在同一位置，所以波就相互叠加；这些轨道对应于玻尔的可允许的轨道。然而，对于那些长度不为波长整数倍的轨道，当电子围绕着运动时，每个波峰将最终被波谷抵消；这些轨道是不允许的。

美国科学家理查德·费恩曼引入的所谓对历史求和（即路径积分）的方法是一个摹写波粒二象性的好方法。在这方法中，粒子不像在经典亦即非量子理论中那样，在时空中只有一个历史或者一个路径。相反，假定粒子从A到B可走所有可能的轨道（图4.8）。和每个路径相关存在一对数：一个数表示波的幅度；另一个表示在周期循环中的位置（即相位）。从A走到B的几率是将所有路径的波加起来。一般说来，如果比较一族邻近的路径，相位或周期循环中的位置会差别很大。这意味着，相应于这些轨道的波几乎都相互抵消了。然而，对于某些邻近路径的集合，它们之间的相位变化不大，这些路径的波不会抵消。这种路径对应于玻尔的允许轨道。

利用这些思想，以具体的数学形式，可以相对直截了当地计算更复杂的原子甚至分子的允许轨道。分子是由一些原子因轨道上的电子围绕不止一个原子核运动而束缚在一起形成的。由于分子的结构，以及它们之间的反应构成了化学和生物的基础，除了受不确定性原理限制之外，在原则上，量子力学允许我们预言围绕我们的几乎一切东西。（然而，实际上对一个包含稍多电子的系统需要的计算如

右图：尼尔斯·玻尔(1885~1962)。

下图 4.7　原子论的演化，从希腊哲学家德谟克里特的颗粒状原子(1)，通过卢瑟福的电子绕核公转模型(2)至薛定谔的原子的量子力学模型(3)。

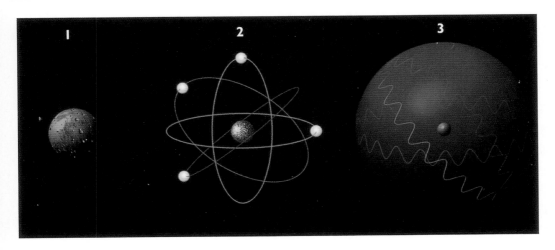

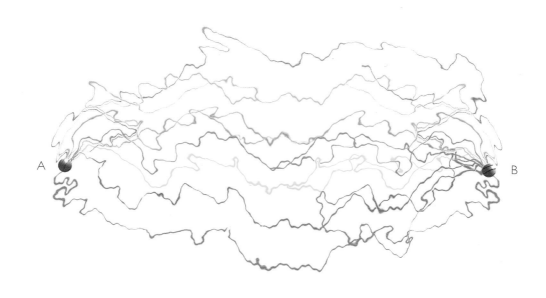

图 4.8　在理查德·费恩曼的历史求和理论中,在时空中的粒子从 A 到 B 可通过所有可能的路径。

此之复杂,以至于使我们做不到。)

看来,爱因斯坦广义相对论制约了宇宙的大尺度结构。它是所谓的经典理论;那就是说,它没有到考虑量子力学的不确定性原理,而为了和其他理论一致这是必需的。因为我们通常经验到的引力场非常弱,所以这个理论并没导致和观测的偏离。然而,早先讨论的奇点定理指出,至少在两种情形下引力场会变得非常强:黑洞和大爆炸。在这样强的场里,量子力学效应应该是非常重要的。因此,在某种意义上,经典广义相对论由于预言无限大密度的点而预示了自身的垮台,正如同经典(也就是非量子)力学由于隐含着原子必须坍缩成无限的密度,而预言自身的垮台一样。我们还没有一个完备的协调的统一广义相对论和量子力学的理论,但是我们已知这个理论所应有的一系列特征。在以下几章我们将描述这些对黑洞和大爆炸的效应。然而,此刻我们先转去介绍人类新近的尝试,他们试图将对自然界中其他力的理解合并成一个单独的统一的量子理论。

第五章

基本粒子和自然的力

亚里士多德相信宇宙中的所有物质由四种基本元素即土、气、火和水组成。有两种力作用在这些元素上：引力，这是指土和水往下沉的趋势；浮力，这是指气和火往上升的倾向。将宇宙的内容分割成物质和力的这种做法一直沿袭至今。

亚里士多德相信物质是连续的，也就是说，人们可以将物质无限制地分割成越来越小的小块，即人们永远不可能得到一个不可再分割下去的最小颗粒。然而几个希腊人，例如德谟克里特，则坚持物质具

有固有的颗粒性，而且认为每一件东西都是由大量的各种不同类型的原子组成(原子在希腊文中的意义是"不可分的")。争论一直持续了几个世纪，任何一方都没有任何实际的证据。但是1803年英国的化学家兼物理学家约翰·道尔顿指出，化合物总是以一定的比例结合而成的，这一事实

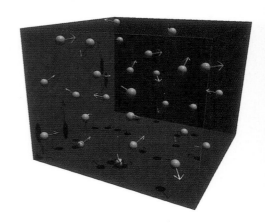

图 5.1　利用一台显微镜，可以看到在水中悬浮的尘埃粒子以非常不规则的随机的方式运动。爱因斯坦利用这一"布朗运动"来显示，水是由原子组成的。

最左图：约瑟夫·约翰·汤姆孙(1856~
1940)。
左图：恩斯特·卢瑟福(1871~1937)，
这是他在麦基尔大学时拍摄的照片。

可以用由原子聚合一起形成称做分子的个体来解释。然而，直到本世纪初这两种学派的争论才以原子论者的胜利而告终。爱因斯坦提供了其中一个重要的物理学证据。1905年，在他关于狭义相对论的著名论文发表前的几周，他在发表的另一篇文章里指出，所谓的布朗运动——悬浮在液体中尘埃小颗粒的无规则随机运动——可以解释为液体原子和灰尘粒子碰撞的效应(图5.1)。

当时就有人怀疑，这些原子终究不是不可分割的。几年前，一位剑桥大学三一学院的研究员J·J·汤姆孙演示了一种称为电子的物质粒子存在的证据。电子具有的质量比最轻原子的一千分之一还小。他使用了一种和现代电视显像管相当类似的装置：由一根红热的金属细丝发射出电子，由于它们带负电荷，可用电场将其朝一个涂磷光物质的屏幕加速。电子一打到屏幕上就会产生一束束的闪光。人们很快即意识到，这些电子一定是从原子本身里出来的。新西兰物理学家恩斯特·卢瑟福在1911年最后证明了物质的原子确实具有内部结构：它们是由一个极其微小的带正电荷的核以及围绕着它公转的一些电子组成。他分析从放射性原子释放出的带正电荷的α粒子和原子碰撞会引起偏转的方式，从而推出这一结论。

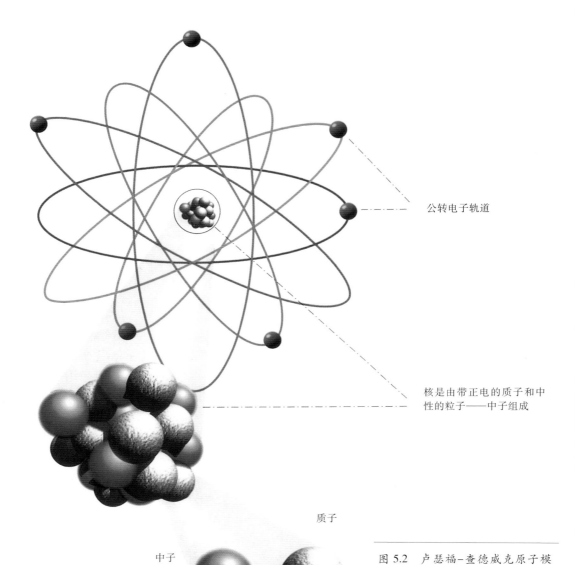

公转电子轨道

核是由带正电的质子和中
性的粒子——中子组成

质子

中子

图 5.2 卢瑟福-查德威克原子模
型,电子绕着由质子和中子构成的
微小的密集的核公转。

最初，人们认为原子核是由电子和不同数量的带正电的叫做质子的粒子组成。质子是由希腊文中表达"第一"的词演化而来的，因为质子被认为是组成物质的基本单位。然而，1932年卢瑟福在剑桥的一位同事詹姆斯·查德威克发现，原子核还包含另外称为中子的粒子，中子几乎具有和质子一样大的质量但不带电荷。查德威克因这个发现获得诺贝尔奖，并被选为剑桥龚维尔和基斯学院(我即为该学院的研究员)院长。后来，他因为和其他人不和而辞去院长的职务。一群战后回来的年轻的研究员将许多已占据位置多年的老研究员选掉后，曾有过一场激烈的辩论。这是在我去以前发生的；我在这场争论尾声的1965年才加入该学院，当时另一位获诺贝尔奖的院长奈维尔·莫特爵士也因类似的争论而辞职。

直到大约30年以前，人们还以为质子和中子是"基本"粒子。但是，质子和另外的质子或电子高速碰撞的实验表明，它们事实上是由更小的粒子构成的。加州理工学

詹姆斯·查德威克爵士(1891~1974)。二战时期英国原子弹计划的负责人，查德威克最著名的发现是中子，并因此获得1935年的诺贝尔奖。

院的牟雷·盖尔曼将这些粒子命名为夸克。由于对夸克的研究，他获得1969年的诺贝尔奖。此名字起源于詹姆斯·乔伊斯神秘的引语："Three quarks for Muster Mark!"夸克这个字应发夸脱的音，但是最后的字母是k而不是t，通常和拉克(云雀)相押韵。

存在有几种不同类型的夸克：有六种"味"，这些味我们分别称之为上、下、奇、粲、底和顶。20世纪60年代起人们就知道前三种夸克，1974年才发现粲夸克，1977年和1995年分别发现底和顶夸克。每种味都带有三种"色"，即红、绿和蓝。(必须强调，这些术语仅仅是标签：夸克比可见光的波长

图 5.3

图 5.4

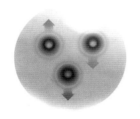

图5.3 中子包含两个具有 –1/3 电荷的下夸克和一个具有 +2/3 电荷的上夸克，其总电荷为 0。

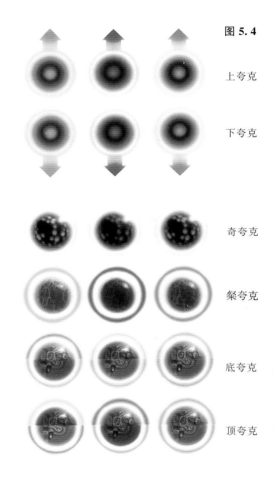

上夸克

下夸克

奇夸克

粲夸克

底夸克

顶夸克

小得多，所以在通常意义下没有任何颜色。这只不过是现代物理学家似乎更富有想象力地命名新粒子和新现象的方式而已——他们不再让自己受限制于希腊文！）一个质子或中子由三个夸克组成，每个夸克各有一种颜色。一个质子包含两个上夸克和一个下夸克；一个中子包含两个下夸克和一个上夸克（图5.3）。我们可以创生由其他种类的夸克（奇、粲、底和顶）构成的粒子，但所有这些都具有大得多的质量，并非常快地衰变成质子和中子（图5.4和图5.5）。

现在我们知道，不管是原子还是其中的质子和中子都不是不可分的。问题在于什么是真正的基本粒子——构成世界万

图 5.5

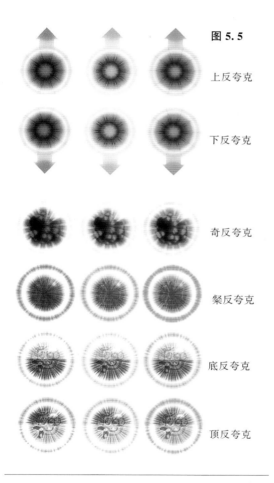

上反夸克

下反夸克

奇反夸克

粲反夸克

底反夸克

顶反夸克

图 5.4 和图 5.5　夸克存在 6 种味, 每一种又有 3 种颜色。和夸克一样, 反夸克也存在 6 种味, 每一种又有 3 种反颜色(见 96 页)。

物的最基本的构件? 由于光波波长比原子的尺度大得多, 我们不能期望以通常的方法去"看"一个原子的部分。我们必须用某些波长短得多的东西。正如我们在上一章所看到的, 量子力学告诉我们, 实际上所有粒子都是波, 粒子的能量越高, 则其对应的波的波长越短。所以, 我们能对这个问题给出的最好的回答, 取决于我们装置中的粒子能量有多高, 因为这决定了我们能看到的尺度有多小。这些粒子的能量通常用叫做电子伏特的单位来测量。(在汤姆孙的电子实验中, 我们看到他用一个电场去加速电子, 一个电子从一个伏特的电场所得到的能量即是一个电子伏特。)在 19 世纪, 当人们知道如何去使用的粒子能量只是由化学反应——诸如燃烧——产生的几个电子伏特的低能量时, 大家以为原子即是最小的单位。在卢瑟福的实验中, α粒子具有几百万电子伏特的能量。更晚的时代, 我们获悉如何使用电磁场给粒子提供首先是几百万, 然后是几十亿电子伏特的能量。这样我们知道, 30 年之前以为是"基本"的粒子,

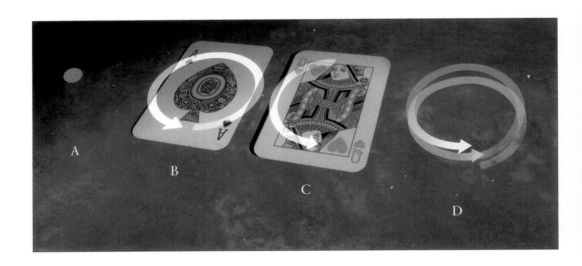

事实上是由更小的粒子组成。如果我们利用更高的能量时,是否会发现这些粒子是由更小的粒子组成的呢？这一定是可能的。但我们确实有一些理论上的原因,相信我们已经拥有,或者说接近拥有自然的终极构件的知识。

用上一章讨论的波粒二象性,包括光和引力的宇宙中的一切都能以粒子来描述。这些粒子有一种称为自旋的性质。考虑自旋的一个方法是将粒子想象成围绕着一个轴自转的小陀螺。然而,这可能会引起误会,因为量子力学告诉我们,粒子并没有任何轮廓分明的轴。粒子的自旋真正告诉我们的是,从不同的方向看粒子是什么样子的。一个自旋为0的粒子像一个点:从任何方向看都一样(图5.6-A)。另一方面,自旋为1的粒子像一个箭头:从不同方向看是不同的(图5.6-B)。只有把它转过一整圈(360°)时,这粒子才显得一样。自旋为2的粒子像个双头的箭头 (图5.6-C):只要把它转过半圈(180°),它看起来便一样。类似地,把更高自旋的粒子转了整圈的更小的部分后,它看起来便一样。所有这一切都是这样的直截了当,但惊人的事实

对面图 5.6 基本粒子具有称为自旋的性质。自旋 0 的粒子从所有方面看都一样（A）。自旋 1 的粒子当它被转动整整 360°后显得一样（B），而自旋 2 的粒子则只需要旋转 180°（C）。然而，自旋 1/2 的粒子必须旋转两整圈才会显得一样（D）。

右图：保罗·狄拉克（1902～1984），英国物理学家，他提出了反物质的存在。

最右图：沃尔夫冈·泡利（1900～1958），他发现了不相容原理。

是，把有些粒子转过一圈后，它仍然显得不同：你必须使其转两整圈！这样的粒子就说具有二分之一的自旋（图5.6-D）。

宇宙间所有已知的粒子可以分成两组：自旋为二分之一的粒子，它们组成宇宙中的物质；自旋为0、1和2的粒子，正如我们将要看到的，它们在物质粒子之间产生力。物质粒子服从所谓的泡利不相容原理。这是奥地利物理学家沃尔夫冈·泡利在1925年发现的，他因此而获得1945年的诺贝尔奖。他是个原型的理论物理学家，有人这样说，他的存在甚至会使同一城市里的实验出毛病！泡利不相容原理是说，两个类似的粒子不能存在于相同的态中，也就是说，在不确定性原理给出的限制

下，它们不能同时具有相同的位置和速度。不相容原理是非常关键的，因为它解释了为何物质粒子，在自旋为0、1和2的粒子产生的力的影响下，不会坍缩成密度非常高的状态的原因：如果物质粒子几乎处在相同的位置，则它们必须有不同的速度，这意味着它们不会长时间存在于相同的位置。如果世界在没有不相容原理的情形下创生，夸克将不会形成分离的轮廓分明的质子和中子，进而这些也不可能和电子形成分离的轮廓分明的原子。它们全部都会坍缩形成大致均匀的稠密的"汤"。

直到保罗·狄拉克在1928年提出一个理论，人们才对电子和其他自旋二分之一的粒子有了正确的理解。狄拉克后

物质粒子发射出一个携带力的粒子

携带力的粒子和第二个物质粒子碰撞

图 5.8

反弹

新速度

物质粒子之间的表观的力

图 5.7 如果你遇到反你,小心,不要握手!

图 5.8 物质粒子之间的相互作用可以被描述成交换携带力的粒子。

来被选为剑桥的卢卡斯数学教授（牛顿曾经担任这一教席，目前我担任这一职务）。狄拉克理论是第一种既和量子力学又和狭义相对论相一致的理论。它在数学上解释了为何电子具有二分之一的自旋，也即为什么将其转一整圈不能、而转两整圈才能使它显得一样。它还预言了电子必须有它的配偶——反电子或正电子。1932年正电子的发现证实了狄拉克的理论，他因此获得了1933年的诺贝尔奖。现在我们知道，任何粒子都会和它相湮灭的反粒子。（对于携带力

的粒子，反粒子即为其自身）。也可能存在由反粒子构成的整个反世界和反人。然而，如果你遇到了反自身（图5.8），注意不要握手！否则，你们两人都会在一个巨大的闪光中消失殆尽。为何我们周围的粒子比反粒子多得多是一个极端重

你

反你

图 5.7

要的问题，我将会在本章的后部分回到这问题上来。

在量子力学中，所有物质粒子之间的力或相互作用都认为是由自旋为整数0、1或2的粒子携带。所发生的是，物质粒子——譬如电子或夸克——发出携带力的粒子。这个发射引起的反弹，改变了物质粒子的速度。携带力的粒子然后和另一个物质粒子碰撞并且被吸收。这碰撞改变了第二个粒子的速度，正如同这两个物质粒子之间存在过一个力（图5.7）。携带力的粒子不服从泡利不相容原理，这是它们的一个重要的性质。这表明它们能被交换的数目不受限制，这样它们就可以引起很强的力。然而，如果携带力的粒子具有很大的质量，则在大距离上产生和交换它们就会很困难。这样，它们所携带的力只能是短程的。另一方面，如果携带力的粒子本身质量为零，力就是长程的了。因为在物质粒子之间交换的携带力的粒子，不像"实"粒子那样可以用粒子探测器检测到，所以称为虚粒子。然而，因为它们具有可测量的效应，即它们引起了物质粒子之间的力，所以我们知道它们存在。自旋为0、1或2的粒子在某些情况下也作为实粒子存

在，这时它们可以被直接探测到。对我们而言，此刻它们就呈现出经典物理学家称为波动形式，例如光波和引力波的东西。当物质粒子以交换携带力的虚粒子的形式而相互作用时，它们有时就可以被发射出来。（例如，两个电子之间的电排斥力是由于交换虚光子所致，这些虚光子永远不可能被检测出来；但是如果一个电子从另一个电子边穿过，则可以放出实光子，它作为光波而被我们探测到。）

携带力的粒子按照其强度以及与其相互作用的粒子可以分成四个种类。必须强调指出，这种将力划分成四种是人为的；它仅仅是为了便于建立部分理论，而并不别具深意。大部分物理学家希望最终找到一个统一理论，该理论将四种力解释为一个单独的力的不同方面。确实，许多人认为这是当代物理学的首要目标。最近，将四种力中的三种统一起来已经有了成功的端倪——我将在这一章描述这些内容。而关于统一余下的另一种力即引力的问题将留到以后。

第一种力是引力，这种力是万有的，也就是说，每一个粒子都因它的质量或能量而感受到引力。引力比其他三种力

图 5.9

图 5.9 在地球和太阳之间的引力是由交换虚引力子引起的。因为引力总是吸引的，因此在地球和太阳中的单独粒子之间的微弱的力叠加成一个巨大的力。

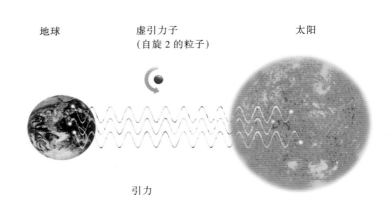

地球　　　　虚引力子
　　　　　　（自旋 2 的粒子）　　　　　　太阳

引力

都弱得多。它是如此之弱，它若不具有两个特别的性质，我们根本就不可能注意到：它能作用到大距离去，以及它总是吸引的。这意味着，在像地球和太阳这样两个巨大的物体中，单独粒子之间的非常弱的引力能都叠加起来而产生相当大的力量。其他三种力要么是短程的，要么时而吸引时而排斥，所以它们倾向于相互抵消。以量子力学的方法来看待引力场，人们把两个物质粒子之间的力描述成由称作引力子的自旋为 2 的粒子携带的。它自身没有质量，所以携带的力是长程的。太阳和地球之间的引力可以归结为构成这两个物体的粒子之间的引力子交换。虽然所交换的粒子是虚

的，它们确实产生了可测量的效应——它们使地球围绕着太阳公转！实引力子构成了经典物理学家称之为引力波的东西，它是如此之弱——并且要探测到它是如此之困难，以至于还从未被观测到过。

另一种力是电磁力。它作用于带电荷的粒子（例如电子和夸克）之间，但不和不带电荷的粒子（例如引力子）相互作用。它比引力强得多：两个电子之间的电磁力比引力大约大 100 亿亿亿亿亿（在 1 后面有 42 个 0）倍。然而，存在两种电荷——正电荷和负电荷。同种电荷之间的力是相互排斥的，而异种电荷之间的力则是相互吸引的。一个大的物体，譬如

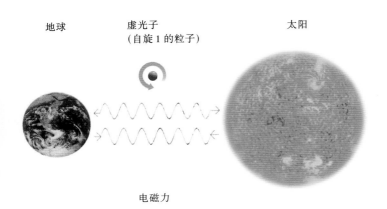

地球　　　　虚光子　　　　　　　　太阳
　　　　（自旋1的粒子）

电磁力

图 5.10

图5.10　在由虚光子携带的电磁力的情形，力可以是吸引的，也可以是排斥的，这样在地球和太阳中的粒子之间的力大部分都被抵消了。

地球或太阳，包含了几乎等量的正电荷和负电荷。这样，由于单独粒子之间的吸引力和排斥力几乎全被抵消了，因此两个物体之间净的电磁力非常小。然而，电磁力在原子和分子的小尺度下起主要作用。在带负电的电子和带正电的核中的质子之间的电磁力使得电子围绕着原子的核公转，正如同引力使得地球围绕着太阳公转一样。人们将电磁吸引力描绘成是由于交换大量称作光子的无质量的自旋为1的虚粒子引起的。重复一下，这里交换的光子是虚粒子。但是，电子从一个允许轨道转变到另一个离核更近的允许轨道时，释放能量并且发射出实光

子——如果其波长适当，则作为可见光可被肉眼观察到，或可用诸如照相底版的光子探测器观察到。同样，如果一个光子和原子相碰撞，可将电子从离核较近的允许轨道移动到较远的轨道。这样光子的能量被消耗掉，它也就被吸收了。

第三种力称为弱核力。它负责放射性现象，并只作用于自旋为二分之一的所有物质粒子，而对诸如光子、引力子等自旋为0、1或2的粒子不起作用。直到1967年伦敦帝国学院的阿伯达斯·萨拉姆和哈佛的史蒂芬·温伯格提出了弱作用和电磁作用的统一理论后，弱作用才被很好地理解。此举在物理学界所引起的震动，可与

当轮赌盘快速旋转时，轮赌球可以在所有可能的位置之间自由运动。然而，当轮赌盘缓慢下来，球就会停到 37 个不同位置中的一个。

大约 100 年前麦克斯韦统一电学和磁学相提并论。他们提出，除了光子，还存在其他 3 个自旋为 1 的被统称作重矢量玻色子的粒子，它们携带弱力。它们称作 W$^+$（W 正），W$^-$（W 负）和 Z^0（Z 零），每一个都具有大约 100 吉电子伏的质量（1 吉电子伏为 10 亿电子伏）。温伯格-萨拉姆理论展现了称作对称自发破缺的性质。这意味着，在低能量下一些看起来完全不同的粒子，事实上发现都只是同一种粒子处于不同的状态，所有这些粒子在高能量下都有相似的行为。这个效应和轮赌盘上的轮赌球的行为相类似。在高能量下（当这轮子转得很快时），这球的行为基本上只有一个方式——即不断地滚动着。但是随着轮子变慢下来，球的能量减小，最终球就陷到轮子上的 37 个槽中的一个里去。换言之，在低能下球可以存在于 37 种不同的状态。如果由于某种原因，我们只能在低能下观察球，我们就会以为存在 37 种不同类型的球！

在温伯格-萨拉姆理论中，当能量远远超过 100 吉电子伏时，这 3 种新粒子和光子都以相似的方式行为。但是，大部分正常情况下粒子能量要比这低，粒子之间的对称被破坏了。W$^+$, W$^-$ 和 Z^0 得到了大的质量，使之携带的力变成非常短程。萨拉姆和温伯格提出此理论时，很少人相信他们，因为加速器还未强大到将粒子加速到产生实的 W$^+$, W$^-$ 和 Z^0 粒子所需的 100 吉电子伏的能量。但在此后的

十几年里，在较低能量下这个理论的其他预言和实验符合得这样好，使他们和也在哈佛的谢尔登·格拉肖一起获得 1979 年的诺贝尔物理学奖。格拉肖提出过一个类似的统一电磁和弱作用的理论。由于 1983 年在 CERN（欧洲核子研究中心）发现了具有被正确预言的质量和其他性质的光子的 3 个有质量的伴侣，使得诺贝尔委员会避免了犯错误的难堪。领导几百名物理学家作出此发现的卡罗·鲁比亚和开发了被使用的反物质储藏系统的 CERN 工程师西蒙·范德·米尔分享了 1984 年的

左图:史蒂芬·温伯格(1933~   )。温伯格最重要的工作是电磁力和弱核力的统一。
右图:谢尔登·格拉肖(1932~   )。格拉肖最早提出了将电磁力和弱核力联结在一起的一个模型。

诺贝尔奖。（除非你已经是巅峰人物，当今要在实验物理学上留下痕迹极其困难！）

第四种力是强核力。它将质子和中子中的夸克束缚在一起，并将原子核中的质子和中子束缚在一起。人们相信，称为胶子的另一种自旋为1的粒子携带强作用力，它只能与自身以及与夸克相互作用。

夸克被一串胶
子粘在一起   中子

包含夸克和
反夸克的对   介子

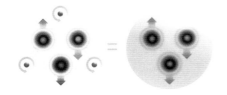

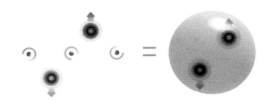

图 5.11　夸克只能存在于无色的组合之中。红、绿和蓝夸克被胶子束缚形成一个"白"中子。

图5.12　由夸克和反夸克还可以组成无色的组合，其颜色被对消了（如红＋反红）。

强核力具有一种称为禁闭的古怪性质：它总是把粒子束缚成不带颜色的结合体。由于夸克有颜色（红、绿或蓝），人们不能得到单独的夸克自身。相反，一个红夸克必须用一串胶子和一个绿夸克以及一个蓝夸克联结在一起（红＋绿＋蓝＝白）。这样的三胞胎构成了一个质子或中子（图5.11）。其他的可能性是由一个夸克和一个反夸克组成的对（红＋反红，或绿＋反绿，或蓝＋反蓝＝白）（图5.12）。这样的结合体构成了称为介子的粒子。介子是不稳定的，因为夸克和反夸克会相互湮灭，而产生电子和其他粒子。类似地，由于胶子也有颜色，色禁闭使得人们不可能得到单独的胶子自身。相反，人们所能得到的胶子的团，其叠加起来的颜色必须是白的。这样的团形成了称为胶球的不稳定粒子。

色禁闭使得人们观察不到一个孤立的夸克或胶子，这事实使得将夸克和胶子当做粒子的整个见解看起来有点玄学的味道。然而，强核力还有一种叫做渐近自由的性质，它使得夸克和胶子成为意义明确的概念。在正常能量下，强核力确实很强，它将夸克紧紧地捆在一起。但是，大型粒子加速器的实验指出，强作用力在高能量下变得弱得多，夸克和胶子的行为就几乎像自由粒子那样。98 页的图 5.13 是一张显示一个高能质子和一个高能反质子碰撞的照片。

统一电磁力和弱核力的成功，使人们多次试图将这两种力和强核力合并在所谓的大统一理论(或 GUT)之中。这名字相当夸张：得到的理论并不那么辉煌，也没

能将全部力都统一进去，因为它并不包含引力。它们也不是真正完整的理论，因为它们包含了许多不能从这理论中预言而

下图：在瑞士日内瓦附近的 CERN 的 ALEPH 检测器的一个终端盖子。在这种加速器中进行高能粒子碰撞，研究者可以创造类似于大爆炸之后存在的状态。

必须人为选择去适合实验的参数。尽管如此,它们可能是朝着完备的统一理论推进的一步。GUT的基本思想是这样:正如前面提到的,在高能量下强核力变弱了;另一方面,不是渐近自由的电磁力和弱力在高能量下变强了。在某个非常高的叫做大统一能量的能量下, 这 3 种力都具有同样的强度, 并因此可看成一个单独的力的不同方面。在这能量下,GUT还预言了自旋为二分之一的不同物质粒子(如夸克和电子)也会根本上都变成一样,这样导致了另一种统一。

大统一能量的数值还知道得不太清楚,可能至少有 1000 万亿吉电子伏特。而目前粒子加速器只能使大致能量为 100 吉电子伏的粒子相碰撞,而计划建造的机器的能量可升到几千吉电子伏。要建造足以将粒子加速到大统一能量的机器,其体积必须和太阳系一样大——这在现代经济环境下不太可能做到。因此,不可能在实验室里直接检验大统一理论。然而,如同在弱电统一理论中那样,我们可以检验它在低能量下的推论。

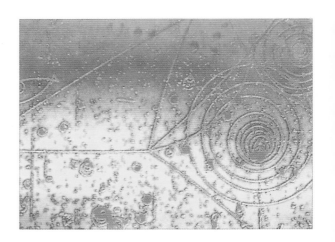

其中最有趣的预言是, 构成通常物质的大部分质量的质子能够自发衰变成诸如反电子之类更轻的粒子。之所以可能, 其原因在于, 在大统一能量下, 夸克和反电子之间没有本质的不同。在正常情况下一个质子中的三个夸克没有足够

上图 5.13 在一个云雾室中加速粒子轨迹的彩色反转片。在中央交点发生反质子和质子的湮灭。

对面图:使用 CERN 的 ALEPH 检测器的最新研究制作计算机生成的图象,该图象表明一个粒子通过夸克-反夸克对衰变成许多粒子。

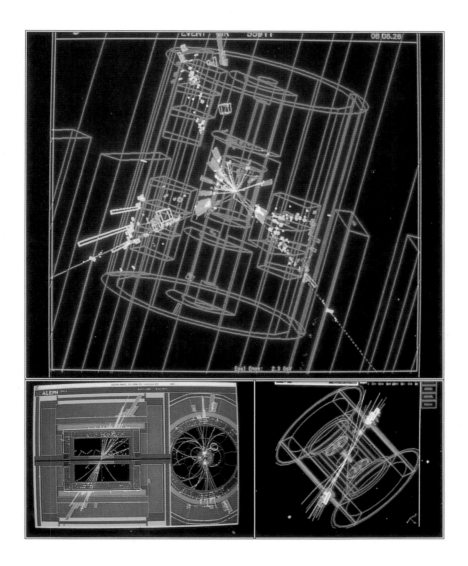

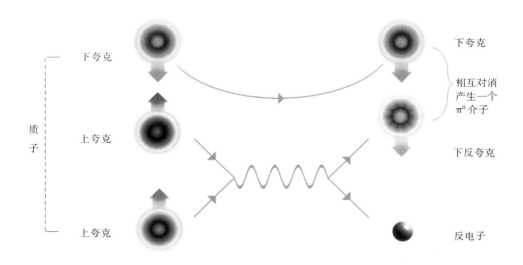

图5.14 在大统一理论中一个质子中的两个上夸克和一个下夸克会变成一个下/下反π⁰介子和一个反电子。

能量转变成反电子，由于不确定性原理意味着质子中夸克的能量不可能严格不变，其中一个夸克会非常偶然地获得足够能量进行这种转变。这样质子就要衰变。夸克要得到足够能量的概率是如此之低，至少要等待 100 万亿亿亿(1 后面跟 30 个 0)年才能有 1 次。这比宇宙从大爆炸以来的年龄(大约 100 亿——1 后面

跟 10 个 0 年)要长得多了。因此，人们会认为不可能在实验上检测到质子自发衰变的可能性。然而，人们可以观察包含极大数量质子的大量物质，以增加检测衰变的机会。(譬如，如果观察的对象含有 1 后面跟 31 个 0 个质子，按照最简单的 GUT，可以预料在 1 年内应能看到多于一次的质子衰变)。

人们进行了一系列实验，可惜没有得到任何质子或中子衰变的确实证据。有一个实验是在俄亥俄的莫尔顿盐矿里进行的（为了避免其他因宇宙射线引起

的会和质子衰变相混淆的事件发生），用了 8000 吨水。由于在实验中没有观测到自发的质子衰变，因此可以估算出，可能的质子寿命至少应为 1000 万亿亿亿（1 后面跟 31 个 0）年。这比简单的大统一理论所预言的寿命更长。然而，一些更精致的大统一理论预言的寿命比这更长，因此需要用更灵敏的手段对甚至更大量的物质进行检验。

尽管观测质子的自发衰变非常困难，但很可能正由于这相反的过程，即质子，或更简单地说，夸克的产生导致了我们的存在。它们是从宇宙开初的可以想象的最自然的方式——夸克并不比反夸克更多的状态下产生的。地球上的物质主要是由质子和中子，进而由夸克构成。除了少数由物理学家在大型粒子加速器中产生的以外，不存在由反夸克构成的反质子和反中子。我们从宇宙线中得到的证据表明，我们星系中的所有物质也是这样：除了少数当粒子和反粒子对进行高能碰撞时产生的以外，没有发现反质子和反中子。如果在我们星系中有很大区域的反物质，则可以预料，在正反物质的边界会观测到大量的辐射。许多粒子在那里和它们的反粒子相碰撞、相互湮灭并释放出高能辐射。

我们没有直接的证据，表明其他星系中的物质是由质子、中子还是由反质子、反中子构成，但两者必居其一，在单一的宇宙中不能有混合，否则我们又会观察到大量由湮灭产生的辐射。因此，我们相信，所有的星系是由夸克而不是反夸克构成；看来，一些星系为物质，而另一些星系为反物质也是难以置信的。

为什么夸克比反夸克多这么多？为何它们的数目不相等？这数目有所不同肯定使我们交了好运，否则，早期宇宙中它们势必已经相互湮灭了，只余下一个充满辐射而几乎没有物质的宇宙。因此，后来也就不会有人类生命赖以发展的星系、恒星和行星。庆幸的是，大统一理论可以解释，尽管甚至刚开始时两者数量相等，为何现在宇宙中夸克比反夸克多。正如我们已经看到的，大统一理论允许夸克变成高能下的反电子。它们也允许相反的过程，反夸克变成电子，电子和反电子变成反夸克和夸克。在极早期宇宙有一时期是如此之热，粒子能量高到足以发生这些转变。但是，它为何使夸克比反夸克多呢？原因在于，物理定律对于粒子和反粒子不是完全相同的。

直到1956年人们都相信，物理定律分别服从三个叫做C、P和T的对称。C（电荷）对称的意义是，定律对于粒子和反粒子是相同的；P（宇称）对称的意义是，定律对于任何情景和它的镜像（右手方向自旋的粒子的镜像变成了左手方向自旋的粒子）是相同的；T（时间）对称的意义是，如果你颠倒所有粒子和反粒子的运动方向，系统应回到早先的那样；换言之，定律对于前进或后退的时间方向是一样的。1956年，两位美国物理学家李政道和杨振宁提出弱作用实际上不服从P对称。换言之，弱力使得宇宙和宇宙的镜像以不同的方式发展。同一年，他们的一位同事吴健雄证明了他们的预言是正确的。她把放射性原子的核排列在磁场中，使它们的自旋方向一致。实验表明，在一个方向比另一方向发射出更多的电子。次年，李和杨为此获得诺贝尔奖。人们还发现弱作用不服从C对称，即是说，它使得由反粒子构成的宇宙以和我们的宇宙不同的方式行为。尽管如此，弱力似乎确实服从CP联合对称。也就是说，如果每个粒子都用其反粒子来取代，则由此构成的宇宙的镜像和原来的宇宙

以同样的方式发展！然而，1964年，还是两个美国人——J·W·克罗宁和瓦尔·费兹——发现，在某种称为K介子的衰变中，甚至连CP对称也不服从。1980年，克罗宁和费兹最终由于他们的研究而获得诺贝尔奖。（很多奖是因为显示宇宙不像我们曾经想象的那么简单而授予的！）

有一个数学定理说，任何服从量子力学和相对论的理论必须服从CPT联合对称。换言之，如果同时用反粒子来置换粒子，取镜像还有时间反演，则宇宙的行为必须是一样的。但是，克罗宁和费兹指出，如果仅仅用反粒子来取代粒子，并且采用镜像，但不反演时间方向，则宇宙的行为不相同。所以，如果人们反演时间方向，物理学定律必须改变——它们不服从T对称。

早期宇宙肯定是不服从T对称的：随着时间前进，宇宙膨胀——如果它往后倒退，则宇宙收缩。而且，由于存在着不服从T对称的力，因此当宇宙膨胀时，相对于将电子变成反夸克，这些力将更多的反电子变成夸克。然后，随着宇宙膨胀并冷却下来，反夸克就和夸克湮灭，但由于已有的夸克比反夸克多，少量过剩的夸克就留了

102

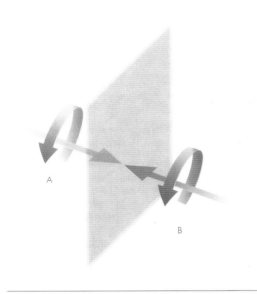

图 5.15 具有右手自旋的一个粒子的镜像是一个具有左手自旋的粒子。如果 P 对称成立，则物理定律对于两者是相同的。

下来。正是它们构成我们今天看到的物质，由这些物质构成了我们自身。这样，我们自身之存在可认为是大统一理论的证实，哪怕仅仅是定性的而已；但此预言的不确定性到了这种程度，以至于我们不能知道在湮灭之后余下的夸克数目，甚至不知是夸克还是反夸克余下。（然而，如果是反夸克多余留下，我们可以简单地把反夸克称为夸克，夸克称为反夸克。）

大统一理论不包括引力。在我们处理基本粒子或原子问题时这关系不大，因为引力是如此之弱，通常可以忽略它的效应。然而，它的作用既是长程的，又总是吸引的事实，表明它的所有效应是叠加的。所以，对于足够大量的物质粒子，引力会比其他所有的力都更重要。这就是为什么正是引力决定了宇宙的演化的缘故。甚至对于恒星大小的物体，引力的吸引会超过所有其他的力，并使恒星坍缩。我在70年代的工作集中于研究黑洞。黑洞就是由这种恒星的坍缩和围绕它们的强大的引力场产生的。正是黑洞研究给出了量子力学和广义相对论如何相互影响的第一个暗示——亦即尚未成功的量子引力论形态的一瞥。

第六章

黑　洞

黑洞这一术语是不久以前才出现的。1969年美国科学家约翰·惠勒,为了形象地描述至少可回溯到200年前的一个观念时,杜撰了这个名词。那时候,共有两种光理论:一种是牛顿赞成的光的微粒说;另一种是光由波构成的波动说。我们现在知道,这两者在实际上都是正确的。由于量子力学的波粒二象性,光既可认为是波,也可认为是粒子。在光的波动说中,不清楚光对引力如何响应。但是如果光是由粒子组成的,人们可以预料,它们正如同炮弹、火箭和行星一样受引力的影响。人们起先以为,光粒子无限快地运动,所以引力不可能使之缓慢下来,但是罗默关于光以有限速度行进的发现意味

104

着，引力对之可有重要效应。

1783年，剑桥的学监约翰·米歇尔在这个假定的基础上，于《伦敦皇家学会哲学学报》上发表了一篇文章。他指出，一个质量足够大并足够致密的恒星会有如此强大的引力场，甚至连光线都不能逃逸：任何从恒星表面发出的光，在还没到达远处前就会被恒星的引力吸引回来。米歇尔暗示，可能存在大量这样的恒星，虽然由于从它们那里发出的光不会到达我们这里，我们不能看到它们；但是我们仍然可以感到它们引力的吸引。这正是我们现在称为黑洞的物体。它是名副其实的——在空间中的黑的空洞。几年之后，法国科学家拉普拉斯侯爵显然独自地提出了和米歇尔类似的观念。非常有趣的是，拉普拉斯只将此观点纳入他的《世界系统》一书的第一版和第二版中，而在以后的版本中将其删去；也许他认为这是一个愚蠢的观念。（还有，光的微粒说在19世纪变得不时

毫了；似乎一切都可以以波动理论来解释，而按照波动理论，不清楚光究竟是否受到引力的影响。）

事实上，因为光速是固定的，所以在牛顿引力论中将光类似炮弹那样处理不很协调。（从地面发射上天的炮弹被引力减速，最后停止上升并折回地面；然而，一个光子必须以不变的速度继续向上，那么，牛顿引力如何影响光呢？）直到1915年爱因斯坦提出广义相对论，才得到引力如何影响光的协调理论。甚至又过了很长时间，人们才理解这个理论对大质量恒星的含意。

为了理解黑洞是如何形成的，我们首先需要理解恒星的生命周期。起初，大量的气体（绝大部分为氢）受自身的引力吸引，而开始向自身坍缩而形成恒星。当它收缩时，气体原子越来越频繁地以越来越大的速度相互碰撞——气体的温度上升。最后，气体变得如此之热，以至于当氢原子碰撞时，它们不再弹开而是聚合形成氦。如同一个受控氢弹爆炸，反应中释放出来的热使得恒星发光。这附加的热又使气体的压力升高，直到它足以平衡引力的吸引，这时气体停止收缩。这有一点像气球——内

对面图 6.1　约翰·米歇尔的思想是一个恒星的质量如此之大，以至于从它表面发射的光被它强大的引力场拉回去，使它不被看见。这些"暗恒星"是现代黑洞的18世纪的前身。

部气压试图使气球膨胀,橡皮的张力试图使气球收缩,它们之间存在一个平衡。从核反应发出的热和引力吸引的平衡,使恒星在很长时间内维持这种平衡(见图6.2中的"主序星")。然而,恒星最终会耗尽它的氢和其他核燃料。貌似大谬,其实不然的是,恒星初始的燃料越多,它则被越快燃尽。这是因为恒星的质量越大,它就必须越热才足以抵抗引力。而它越热,它的燃料就被耗得越快。我们的太阳大概足够再燃烧50多亿年,但是质量更大的恒星可以在1亿年这么短的时间内耗尽其燃料,这个时间尺度比宇宙的年龄短得多了。当恒星耗尽了燃料,它开始变冷并收缩。随后发生的情况只有等到20世纪20年

图6.2 曲型恒星的诞生、演化和死亡。如果一个恒星的质量比昌德拉塞卡极限还小,它最终会成为褐矮星或白矮星。如果它超过这个极限,该超巨星的最后引力坍缩会产生一个中子星或一个黑洞。

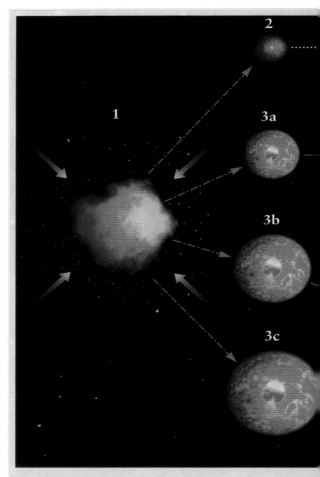

1. 尘埃和气体的原始恒星云在引力吸引下坍缩并形成一个恒星。

2. 最低质量恒星(褐矮星)出现并且直到其燃烧尽之前保持不变。

3. 主序星在其核中燃烧氢元素。(a)一个太阳质量;(b)10个至30个太阳质量;(c)30个太阳质量以上。

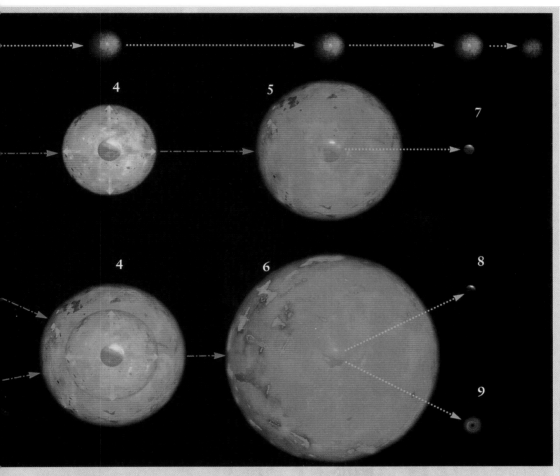

4. 当氢燃料被耗尽氢核形成。一个气体的外层开始膨胀。

5. 具有一个太阳质量的红巨星有一个碳核，碳核被一个燃烧氢的壳和气体外层所包裹。

6. 一个超巨星。这是质量从10个直到超过30个太阳质量的大质量恒星。

7. 具有一个太阳质量的恒星坍缩形成一个白矮星。

8. 具有10个太阳质量的恒星的引力坍缩形成一个中子星。

9. 具有30个太阳质量的恒星的引力坍缩形成一个黑洞。

阿瑟·斯坦利·爱丁顿
（1882~1994）

列夫·达维多维奇·朗道
（1908~1968）

萨拉玛尼安·昌德拉塞卡
（1910~1995）

代末才首次被人们理解。

　　1928年，一位印度研究生——萨拉玛尼安·昌德拉塞卡——乘船来英国剑桥跟英国天文学家兼广义相对论家阿瑟·爱丁顿爵士学习。（据记载，在20本世纪20年代初，有一位记者告诉爱丁顿，说他听说世界上只有三个人能理解广义相对论。爱丁顿停顿了一下，然后回答："我正在想这第三个人是谁？"）在从印度来英国的旅途中，昌德拉塞卡算出了在耗尽所有燃料之后，多大的恒星仍然可以对抗自己的引力而维持本身。这个思想是说：当恒星变小

时，物质粒子相互靠得非常近，而按照泡利不相容原理，它们必须有非常不同的速度。这使得它们相互散开并企图使恒星膨胀。因此，一颗恒星可因引力的吸引和不相容原理引起的排斥达到的平衡，而保持其半径不变，正如同在它的生命的早期引力被热平衡一样。

　　然而，昌德拉塞卡意识到，不相容原理所能提供的排斥力有一个极限。相对论把恒星中的粒子的最大速度差限制为光速。这意味着，当恒星变得足够密集之时，由不相容原理引起的排斥力就会比引力

的作用小。昌德拉塞卡计算出，一个质量比大约太阳质量一倍半还大的冷的恒星不能维持本身以抵抗自己的引力。（这质量现在称为昌德拉塞卡极限。）苏联科学家列夫·达维多维奇·朗道差不多同时得到了类似的发现。

这对大质量恒星的最终归宿具有重大的意义。如果一颗恒星的质量比昌德拉塞卡极限小，它最后会停止收缩，并且变成一种可能的终态——"白矮星"。白矮星的半径为几千英里，密度为每立方英寸几百吨。白矮星是由它物质中电子之间的不相容原理排斥力支持的。我们观察到大量这样的白矮星。围绕着天狼星转动的那颗是最早被发现的白矮星中的一个，天狼星是夜空中最亮的恒星。

朗道指出，恒星还存在另一种可能的终态。其极限质量大约也为太阳质量的一倍或二倍，但是其体积甚至比白矮星还小得多。这些恒星是由中子和质子之间，而不是电子之间的不相容原理排斥力支持的，所以它们叫做中子星。它们的半径只有10英里左右，密度为每立方英寸几亿吨。在第一次预言中子星时，没有任何方法去观察它。实际上，它们很久以后才被探测到。

另一方面，质量比昌德拉塞卡极限还大的恒星在耗尽其燃料时，会出现一个很大的问题。在某种情形下，它们会爆炸或设法抛出足够的物质，使它们的质量减小到极限之下，以避免灾难性的引力坍缩。但是很难令人相信，不管恒星有多大，这总会发生。怎么知道它一定损失重量呢？即使每个恒星都设法失去足够多的质量以避免坍缩，如果你把更多的质量加在白矮星或中子星上，以使之超过极限，将会发生什么？它会坍缩到无限密度吗？爱丁顿为此感到震惊，他拒绝相信昌德拉塞卡的结果。爱丁顿认为，一颗恒星是根本不可能坍缩成一点的。这是大多数科学家的观点：爱因斯坦自己写了一篇论文，宣布恒星的体积不会收缩为零。其他科学家，尤其是他以前的老师，恒星结构的主要权威——爱丁顿的敌意使昌德拉塞卡放弃了这方面的工作，而转去研究诸如恒星团运动等其他天文学问题。然而，他之所以获得1983年诺贝尔奖，至少部分原因在于他早年所做的关于冷恒星的质量极限的工作。

昌德拉塞卡指出，不相容原理不能够阻止质量大于昌德拉塞卡极限的恒星发生坍缩。但是，根据广义相对论，这样的恒星会发生什么情况呢？1939年一位美国的年轻人罗伯特·奥本海默首次解决了这个问题。然而，他所获得的结果表明，用当时的望远镜去检测不会有任何观测结果。以后，第二次世界大战插入，奥本海默本人非常专心地从事原子弹研制。战后，由于大部分科学家被吸引到原子和原子核尺度的物理中去，因而大部分人忘记了引力坍缩的问题。但在20世纪60年代，现代技术的应用使得天文观测范围和数量大大增加，这重新激起人们对天文学和宇宙学的大尺度问题的兴趣。奥本海默的工作被一些人重新发现并推广。

罗伯特·奥本海默（1904～1967）。从1942年至1945年他任新墨西哥州的洛斯阿拉莫斯实验室主任，第一个原子弹便是在此处制造的。

现在，我们从奥本海默的工作中得到一幅这样的图象：恒星的引力场改变了光线在时空中的路径，使之和如果没有恒星情况下的路径不一样。光锥是表示闪光从其顶端发出后在时空中传播的路径。光锥在恒星表面附近稍微向内弯折。在日食时观察从遥远恒星发出的光线，可以看到这种偏折现象。随着恒星收缩，其表面的引力场变得更强大，而光锥向内偏折得更多。这使得光线从恒星逃逸变得更为困难，对于远处的观察者而言，光线变得更黯淡更红。最后，当恒星收缩到某一临界半径时，表面上的引力场变得如此之强，使得光锥向内偏折得这么厉害，以至于光线再也逃逸不出去（图6.3）。根据相对论，没有东西能行进得比光还快。这样，如果光都逃逸不出来，其他东西更不可能；所有东西都会被引力场拉回去。这样，存在一个事件的集合或时空区域，光或任何东西都不可能从该区域逃逸而到达远处的观察者。现在我们将这区域称作黑洞，将其边界称作事件视界，而它和刚好不能从黑洞逃逸的光线的那些路径相重合。

如果你观察一个恒星坍缩并形成黑洞时，为了理解你所看到的情况，切记在相对论中没有绝对时间。每个观测者都有自己的时间测量。由于恒星的引力场，在恒星上某人的时间将和在远处某人的时间不同。假定在坍缩星表面有一无畏的航天员和恒星一起向内坍缩。他按照自己的表，每一秒钟发一信号到一个围绕着该恒星转动的航天飞船上去。在他的表的某一时刻，譬如11点钟，恒星刚好收缩到它的临界半径以下，此时引力场强大到没有任何东西可以逃逸出去，他的信号再也不能传到航天飞船了。随着11点趋近，他的伙伴从航天飞船上观看会发现，从该航天员发来的一串信号的时间间隔越变越长。但是这个效应在10点59分59秒之前是非常微小的。在收到10点59分58秒和10点59分59秒发出的两个信号之间，他们只需等待比1秒钟稍长一点的时间，然而他们必须为11点发出的信号等待无限长的时

图6.3 大质量恒星坍缩形成一个黑洞的时空图。

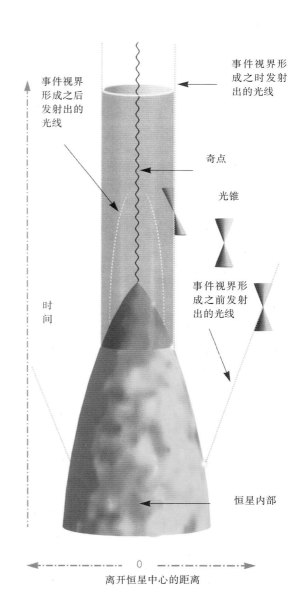

事件视界形成之后发射出的光线

事件视界形成之时发射出的光线

奇点

光锥

事件视界形成之前发射出的光线

时间

恒星内部

0

离开恒星中心的距离

111

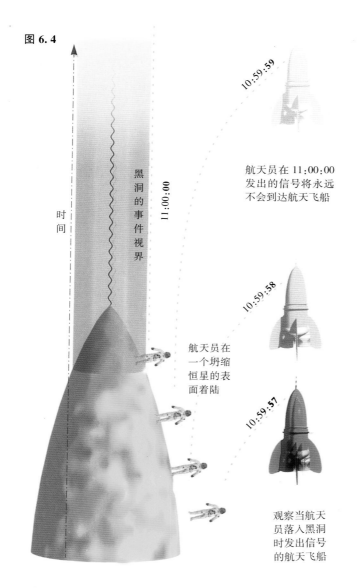

图 6.4

时间

黑洞的事件视界

11:00:00

10:59:59

10:59:58

10:59:57

航天员在一个坍缩恒星的表面着陆

航天员在 11:00:00 发出的信号将永远不会到达航天飞船

观察当航天员落入黑洞时发出信号的航天飞船

间。按照航天员的手表,光波是在10点59分59秒和11点之间由恒星表面发出;从航天飞船上看,那光波被散开到无限长的时间间隔里。在航天飞船上这一串光波来临的时间间隔变得越来越长,所以从恒星来的光显得越来越红、越来越淡,最后,该恒星变得如此之朦胧,以至于从航天飞船上再也看不见它:所余下的一切只是空间中的一个黑洞。不过,此恒星继续以同样的引力作用到航天飞船上,使飞船继续围绕着形成的黑洞旋转。但是由于以下的问题,上述场景不是完全现实的。一个人离开恒星越远则引力越弱,所以作用在这位无畏的航天员脚上的引力总比作用到他头上的大。在恒星还未收缩到临界半径而形成事件视界之前,这力的差别就足以将我们的航

图6.5 一位航天员到达黑洞。当他接近事件视界时引力将其撕开。

天员拉成意大利面条那样，甚至将他撕裂（图6.5）！然而我们相信，在宇宙中存在大得多的天体，譬如星系

该航天员的脚受到的引力比他的头受到的引力更大些，以至于把他撕开。

的中心区域，它们遭受到引力坍缩而产生黑洞；一位在这样的物体上面的航天员在黑洞形成之前不会被撕开。事实上，当他到达临界半径时，不会有任何异样的感觉，甚至在通过永不回返的那一点时，都没注意到它。然而，随着这区域继续坍缩，只要在几个钟头之内，作用到他头上和脚上的引力之差会变得如此之大，以至于再将其撕裂。

罗杰·彭罗斯和我在1965年和1970年之间

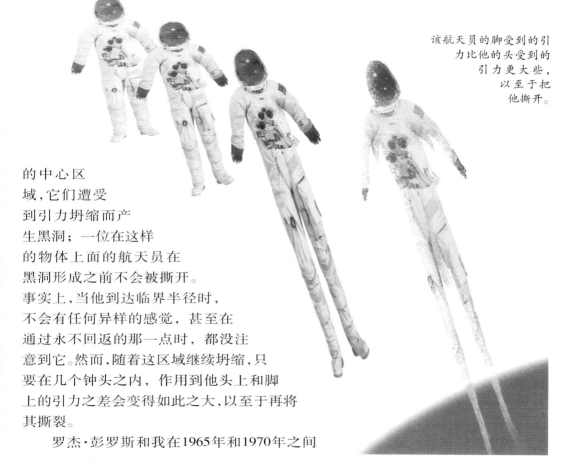

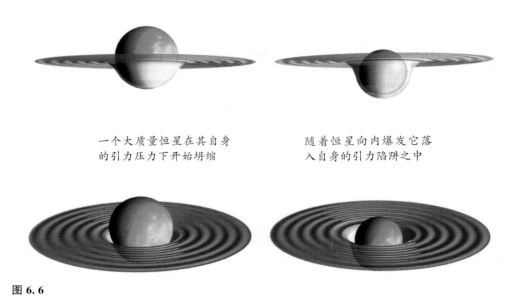

一个大质量恒星在其自身
的引力压力下开始坍缩

随着恒星向内爆发它落
入自身的引力陷阱之中

图 6.6

的研究指出，根据广义相对论，在黑洞中必然存在密度和时空曲率无限大的奇点。这和时间开端时的大爆炸相当类似，只不过它是一个坍缩物体和航天员的时间终点而已。在此奇点，科学定律和我们预言将来的能力都崩溃了。然而，任何留在黑洞之外的观察者，将不会受到可预见性失效的影响，因为从奇点出发的，不管是光还是任何其他信号，都不能到达他那儿。这个非凡的事实导致罗杰·彭罗斯提出了宇宙监督假想，它可以被意译为："上帝憎

图 6.6 一个收缩的恒星增长的引力场对周围空间的效应可以将想象的空间具体化为一张敏感的弹性的纸。物质越重，凹入处就越深。此处见到的最终引力内爆代表黑洞的奇性。

恶裸奇点。"换言之，由引力坍缩所产生的奇点只能发生在像黑洞这样的地方，它在那里被事件视界体面地遮住而不被外界看见。严格地讲，这就是所谓弱的宇宙监督假想：它使留在黑洞外面的观察者不致受到发生在奇点处的可预见性崩溃的影

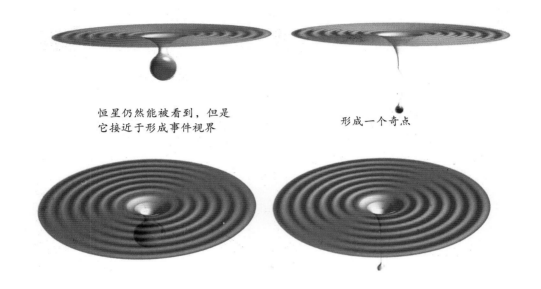

恒星仍然能被看到，但是
它接近于形成事件视界

形成一个奇点

响,但它对那位不幸落到黑洞里的可怜的航天员却是爱莫能助。

广义相对论方程存在一些解,我们的航天员在这些解中可能看到裸奇点:他也许能避免撞到奇点上去,相反的穿过一个"虫洞"来到宇宙的另一区域。看来这给在时空内的旅行提供了大的可能性。但是不幸的是,所有这些解似乎都是非常不稳定的;最小的干扰,譬如一个航天员的存在就会使之改变,以至于他还没能看到此奇点,就撞上去而终结了他的时间。换言之,

奇点总发生在他的将来,而绝不会发生在他的过去。宇宙监督假想强的版本是说,在一个现实的解里,奇点总是要么整个存在于将来(如引力坍缩的奇点),要么整个存在于过去(如大爆炸)。我强烈地相信宇宙监督,这样我就和加州理工学院的基帕·索恩和约翰·普勒斯基尔打赌,认为它总是成立的。由于找到了一些解的例子,在非常远处可以看得见其奇点,所以我在技术的层面上输了。这样,我必须遵照协约还清赌债,也就是必须把他们的裸露遮

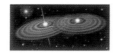

图6.7　由两个像上图表示的相互公转的恒星甚至黑洞可以产生强烈的引力波。在 PSR1913+16 区域的观测清楚地表明，两个中子星因发射引力波而失去能量，因此它们以螺旋形轨道相互靠近。

盖住。但是我可以宣布道义上的胜利。这些裸奇点是不稳定的：最小的干扰就会导致这些奇点消失，或者躲到事件视界后面去。所以它们在实际情形下不会发生。

　　事件视界，也就是时空中不可逃逸区域的边界，其行为犹如围绕着黑洞的单向膜：物体，譬如粗心的航天员，能通过事件视界落到黑洞里去，但是没有任何东西可以通过事件视界而逃离黑洞。（记住事件视界是企图逃离黑洞的光在时空中的路径，而且没有任何东西可以比光行进得更快。）人们可以将诗人但丁针对地狱入口所说的话恰到好处地应用于事件视界："从这里进去的人必须抛弃一切希望。"任何东西或任何人，一旦进入事件视界，就会很快地到达无限致密的区域和时间的

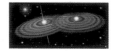

终点。

广义相对论预言,运动的重物会导致引力波的辐射,那是以光的速度旅行的空间曲率的涟漪。引力波和电磁场的涟漪光波相类似,但是要探测到它则困难得多。引力波引起邻近自由落体之间距离的非常微小的变化,由此可以观察到它。在美国、欧洲和日本正在建造一些检测器,将把十万亿亿(1后面跟21个0)分之一的位移,或者把在10英里距离中的比一个原子核还小的位移测量下来。

就像光一样,引力波带走了发射它们的物体的能量。因为任何运动中的能量都会被引力波的辐射带走,所以可以预料,一个大质量物体的系统最终会趋向于一种不变的状态。(这和扔一块软木到水中的情况相当类似:起先翻上翻下折腾了好一阵,但是随着涟漪将其能量带走,它最终平静下来。)例如,围绕着太阳公转的地球即产生引力波。其能量损失的效应就要改变地球的轨道,使之逐渐越来越接近太阳,最后撞到太阳上,归于一种不变的状态。在地球和太阳的情形下,能量损失率非常小——大约只能点燃一个小电热器。这意味着要用大约

1000亿亿亿年地球才会撞到太阳上,没有必要立即为之担忧! 地球轨道改变极其缓慢,根本观测不到。但几年以前,在称为PSR1913+16(PSR表示“脉冲星”,一种特别的发射出射电波规则脉冲的中子星)的系统中观测到这同一效应。此系统由两个相互围绕着公转的中子星组成(图6.7),由于引力波辐射,它们的能量损失,使它们相互沿着螺旋线轨道靠近。J·H·泰勒和R·A·荷尔西由于对广义相对论的这一证实获得1993年的诺贝尔奖。大约3亿年后它们将会碰撞。它们在碰撞之前,将会公转得这么快速,发射出的引力波,足以让像LIGO这样的检测器接收到。

在恒星引力坍缩形成黑洞时,运动会快得多,这样携带走能量的速率就会高得多。因此不用太长的时间就会达到不变的状态。这最终的状态将会是怎样的呢? 人们会以为,它将依赖于形成黑洞的恒星的所有复杂特征——不仅它的质量和转动速度,而且恒星不同部分的不同密度以及恒星内气体的复杂运动。而如果黑洞就像坍缩形成它们的原先物体那样变化多端,那么一般来讲,对黑洞作任何预言都会非

图6.8 当一个"克尔"黑洞的旋转加快时它的赤道附近鼓了出来。而零旋转的黑洞是完美的球形。

常困难。

然而，加拿大科学家威纳·伊斯雷尔（他生于柏林，在南非长大，在爱尔兰得到博士学位）在1967年使黑洞研究发生了彻底的改变。伊斯雷尔指出，根据广义相对论，非旋转的黑洞必须是非常简单的；它们是完美的球形，其大小只依赖于它们的质量，并且任何两个这样的同质量的黑洞必须等同。事实上，它们可以用爱因斯坦的特解来描述，这个解是在广义相对论发现后不久的1917年被卡尔·施瓦兹席尔德找到的。起初许多人，其中包括伊斯雷尔本人，认为，既然黑洞必须是完美的球形，一个黑洞只能由一个完美球形物体坍缩形成。因此，任何实际的恒星——从来都不是完美的球形——只会坍缩形成一个裸奇点。

然而，对于伊斯雷尔的结果，一些人，特别是罗杰·彭罗斯和约翰·惠勒提倡一种不同的解释。他们论证道，牵涉恒星坍缩的快速运动表明，其释放出来的引力波使之越来越接近于球形，到它终结于静态的时刻，就变成准确的球形。按照这种观点，任何非旋转恒星，不管其形状和内部结构如何复杂，在引力坍缩之后都将终结于一个完美的球形黑洞，其大小只依赖于它的质量。这种观点得到进一步计算的支持，并且很快就被大家接受。

伊斯雷尔的结果只处理了由非旋转物体形成的黑洞。1963年，新西兰人罗伊·克尔找到了广义相对论方程的描述旋转黑洞的一族解。这些"克尔"黑洞以恒常速度旋转，其大小与形状只依赖于它们的质

118

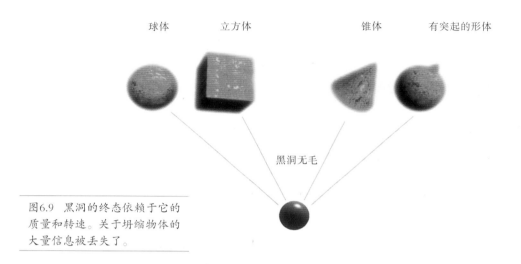

球体　　　立方体　　　　　　锥体　　　有突起的形体

黑洞无毛

图6.9　黑洞的终态依赖于它的质量和转速。关于坍缩物体的大量信息被丢失了。

量和旋转的速度。如果旋转为零,黑洞就是完美的球形,这解就和施瓦兹席尔德解一样。如果旋转不为零,黑洞在赤道附近就会鼓出去(正如地球或太阳由于旋转而鼓出去一样),而旋转得越快则鼓得越厉害(图6.8)。由此人们猜测,如将伊斯雷尔的结果推广到包括旋转物体的情形,则任何旋转物体坍缩形成黑洞后,将最后终结于由克尔解描述的一个稳态。

1970年,我在剑桥的一位同事和研究生同学布兰登·卡特为证明此猜测跨出了第一步。他指出,假定一个稳态的旋转黑洞,正如一个自旋的陀螺那样,有一个对称轴,则它的大小和形状,只由它的质量和旋转速度决定。然后我在1971年证明了,任何稳态的旋转黑洞确实有这样的一个对称轴。最后在1973年,在伦敦国王学院任教的大卫·罗宾逊利用卡特和我的结果证明了这猜测是对的:这样的黑洞确实必须是克尔解。这样,在引力坍缩之后,一个黑洞必须最终演变成一种能够旋转,但是不能搏动的态。此外,它的大小和形状,只决定于它的质量和旋转速度,而与坍缩形成黑洞的原先物体的性质无关。此结果因如下一句格言而众所周知："黑洞没有毛。""无毛"定理具有巨大的实际重要性，因为它极大地限制了黑洞的可能类型。因此，人们可以制造可能包含黑洞的对象的详细模型，再将此模型的预言和观测相比较。因为在黑洞形成之后，我们所能测量的只是有关坍缩物体的

质量和旋转速度，所以"无毛"定理还意味着，有关这物体的非常大量的信息，在黑洞形成时损失了（图 6.9）。下一章我们将会理解这个意义。

黑洞是科学史上极为罕见的情形之一，在没有任何观测到的证据说明其理论是正确的情形下，作为数学的模型被发展到非常详尽的地步。的确，这经常是黑洞反对者的主要论据：人们怎么能相信这样的物体，其仅有的证据是基于令人怀疑的广义相对论的计算呢？然而，1963 年，加利福尼亚的帕罗玛天文台的天文学家马丁·施密特测量了在称为 3C273（即是剑桥射电源编目第三类的 273 号）射电源方

向的一个黯淡的类星体的红移。他发现引力场不可能引起这么大的红移——如果它是引力红移，这类星体质量必须这么大，并且离我们必须这么近，势必干扰太阳系中的行星轨道。这暗示这个红移是由宇宙的膨胀引起的，进而表明此物体离我们非常遥远。由于在这么远的距离还能观察到，它必须非常亮，也就是必须辐射出大量的能量。人们会想到，产生这么大能量的唯一机制看来不仅是一个恒星，而是一个星系的整个中心区域的引力坍缩。人们还发现了许多其他相似的类星体，它们都有很大的红移。但是它们都离开我们太远了，所以对之进行观察太困难了，不能给黑洞提供结论性的证据。

1967 年，剑桥的一位研究生约瑟琳·贝尔·伯奈尔发现了天空发射出射电波的规则脉冲的物体，这对黑洞存在的预言带来了进一步的鼓舞。起初贝尔和她的导师安东尼·赫维许以为，他们可能和我们星系中的外星文明进行了接触！我

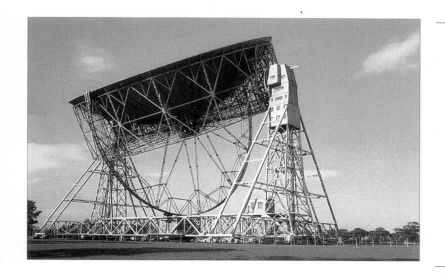

左图：英国约德雷尔·邦克的射电望远镜。如此巨大的望远镜比光学搜索更容易认证作为强大的射电波源的脉冲星。

对面图：约瑟琳·贝尔·伯奈尔，是剑桥安东尼·赫维许小组的一个成员，她于1967年首先发现了脉冲星。

清楚地记得在宣布他们发现的讨论会上，他们将这四个最早发现的源称为 LGM1—LGM4，LGM 表示"小绿人"（"Little Green Man"）的意思。然而，最终他们和其他所有人都得到了不那么浪漫的结论，这些被称为脉冲星的物体，事实上是旋转的中子星。因为它们的磁场和周围物质复杂的相互作用，这些中子星发出射电波的脉冲。这对于写空间探险的作者而言是个坏消息，但对于我们这些当时相信黑洞的少数人来说，是非常大的希望——这是中子星存在的第一个正的证据。中子星的半径大约为 10 英里，只是恒星变成黑洞的临界半径的几倍。如果一颗恒星能坍缩到这么小的尺度，预料其他恒星能坍缩到更小的尺度而成为黑洞，就是理所当然的了。

按照黑洞定义，它不能发出光，我们何以希望能检测到它呢？这有点像在煤库里找黑猫。庆幸的是，有一种办法。正如约翰·米歇尔在他 1783 年的先驱性论文中指出的，黑洞仍然将它的引力作用到周围的物体上。天文学家观测了许多系统，在这些系统中，两颗恒星由于相互

图 6.10 一个正在公转的黑洞的强大引力场从它的伴星扯开物质，产生了朝事件视界旋进的吸积盘。以 X 射线形式的释放出的难以置信的能量是一个黑洞的表征。

图 6.11　照片中心附近的两个恒星更亮的那一个是天鹅 X－1，它被认为包含一个黑洞和一个正常恒星，它们以图 6.10 描绘的方式相互公转。

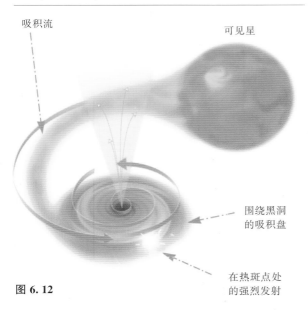

吸积流

可见星

围绕黑洞的吸积盘

在热斑点处的强烈发射

图 6.12

之间的引力吸引而相互围绕着运动。他们还观察到了这样的系统，其中只有一颗可见的恒星围绕着另一颗看不见的伴星运动。人们当然不能立即得出结论说，这伴星即为黑洞——它可能仅仅是一颗黯淡的看不见的恒星而已。然而，这种系统中的一些，像叫做天鹅 X－1 的（图 6.11）那样，也是强 X 射线源。对这现象的最好解释是，物质从可见星的表面被吹起来，当它落向不可见的伴星时，形成螺旋状运动（这和水从浴缸流出很相似），并且变得非常热，发出 X 射线（图 6.12）。为了使这机制起作用，不可见物体必须非常小，像白矮星、中子星或黑洞那样。通过观测那颗可见星的轨道，人们可以确定不可见物体的最小的可能质量。在天鹅 X－1 的情形，这大约是太阳质量的 6 倍。按照昌德拉塞卡的结果，它的质量太大了，既不可能是白矮星，也不可能是中子星。因此，看来它只能是一个黑洞。

还有其他不包含黑洞的解释天鹅 X－1 的模型，但是所有这些都相当牵强附会。黑洞看来是对该观测的仅有的真正自然的解释。尽管如此，我和加州理工学院的基帕·索恩打赌说，天鹅X-1不包含一个黑洞！这对我而言是一种保险的形式。我对黑洞作了许多研究，如果发现黑洞不存在，而这一切都成为徒劳。但在这种情形下，我将得到赢得打赌的安慰，他要给我订阅4年的《私家侦探》杂志。事实上，从我们打赌的1975年迄今，虽然天鹅X-1的情形并没有改变太多，但是人们已经积累了这么多对黑洞有利的其他观测证据，我只好认输。我进行了约定的赔偿，那就是给索恩订阅一年的《藏春阁》，这使他开放的妻子相当恼火。

现在，在像我们的星系和两个名叫麦哲伦星云的邻近星系的系统中，我们还有几个类似天鹅X-1的黑

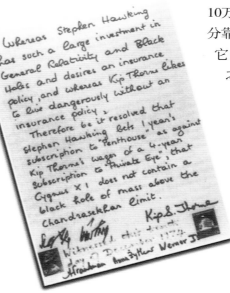

洞的证据。然而，几乎可以肯定，黑洞的数量比这多得太多了！在宇宙的漫长历史中，很多恒星肯定烧尽了它们的核燃料并坍缩了。黑洞的数目甚至比可见恒星的数目要大得多。仅仅在我们的星系中，大约总共有1000亿颗可见恒星。这样巨大数量的黑洞的额外引力就能解释为何目前我们的星系以现有的速率转动：仅用可见恒星的质量是不足以说明这一点的。我们还有某些证据表明，在我们星系的中心有一个大得多的黑洞，其质量大约是太阳的10万倍。星系中的恒星若十分靠近这个黑洞时，作用在它的近端和远端上的引力之差或潮汐力会将其撕开。它们的遗骸以及摆脱其他恒星的气体将落到黑洞上去。正如在天鹅X-1的情形那样，气体将以螺旋形轨道向里运动，并且被加热，虽然没有到那种程度。它没有热到足以发出X射

图 6.13 在一个星系中心的超大黑洞和被它吸引的做涡旋运动的物质一起旋转，产生了巨大的磁场。它把非常高能的粒子聚焦成沿着黑洞旋转轴的射流。

线，但是它可以用来说明在星系中心观测到的非常致密的射电波和红外线源。

人们认为，在类星体的中心是类似的，但质量更大的黑洞，其质量大约为太阳的1亿倍。例如，用哈勃望远镜对称为

M87的星系进行的观测揭示出，它含有直径130光年的气体盘，该盘围绕着20亿倍太阳质量的中心物体旋转。这只能是一个黑洞。只有落入此超重的黑洞的物质才能提供足够强大的能源，用以解释这些物体释放出的巨大能量。当物质旋入黑洞，它将使黑洞往同一方向旋转，使黑洞产生一个磁场，这个磁场和地球的磁场颇为相像。落入的物质会在黑洞附近产生能量非常高的粒子。该磁场是如此之强，能将这

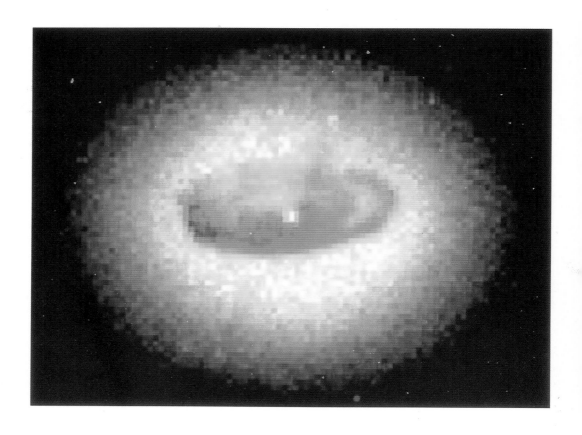

些粒子聚焦成沿着黑洞旋转轴,也即在它的北极和南极方向往外喷射的射流。在许多星系和类星体中确实观察到这类射流。人们还可以考虑存在质量比太阳质量小很多的黑洞的可能性。因为它们的质量比昌德拉塞卡极限低,所以不能由引力坍缩产生:这样小质量的恒星,甚至在耗尽了自己的核燃料之后,还能支持自己对抗引力。只有当物质由非常巨大的外界压力压缩成极端紧密的状态时,才能形成小质量的黑洞。一个巨大的氢弹可提供这样的条件：物理学家约翰·惠勒曾经计算过，如果将世界海洋里所有的重水制成一个氢弹，则它可以将中心的物质压缩到产生一个黑洞。（当然，那时没有一个人能残留下来观察它！）比较实在的一种可能性是：在极早期宇宙的高温和高压条件下可能产生这样小质量的黑洞。因为只有一个比平均值更紧密的小区域，才能以这样的方式被压缩形成一个黑洞，所以只有当早期宇宙不是完全光滑的和均匀时，这才有可能形成黑洞。但是我们知道，早期宇宙一定存在一些无规性，否则现在宇宙中的物质分布仍然会是完全均匀的，而不能结块形成恒星和星系。

很清楚，为了说明恒星和星系的无规性是否导致形成相当数目的"太初"黑洞，依赖于早期宇宙中条件的细节。这样，如果我们能够确定现在有多少太初黑洞，我们就能对宇宙的极早期阶段了解很多。质量大于10亿吨（一座大山的质量）的太初黑洞，只能通过它们对其他可见物质或宇宙膨胀的影响被探测到。然而，正如我们将要在下一章看到的，黑洞毕竟不是真黑：它们像一个热体一样发热发光，它们

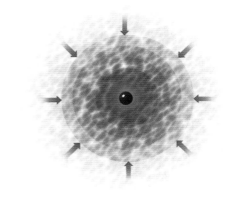

图6.14 太初黑洞是由外部而非内部的压力产生的。
对面图：这是哈勃空间望远镜关于处女座中的称为NGC4261的一个星系的图象。它显示了向一个大质量黑洞旋入的尘埃和气体的圆盘。基于旋转气体速度的计算暗示，中心物体具有12亿倍太阳的质量，但是它并不比我们的太阳系大很多。这张图象是在1996年1月拍摄的。

越小则发热发光得越厉害。所以，看起来荒谬，而事实上却是，也许小的黑洞可以比大的黑洞更容易探测到！

127

第七章

黑洞不是这么黑的

在 1970 年以前，我关于广义相对论的研究，主要集中于是否存在一个大爆炸奇点。然而，同年 11 月我的女儿露西出生后不久的一个晚上，当我上床时，开始思考黑洞的问题。我的残废使得这个过程相当缓慢，这样我有大量时间。那时候还不存在关于时空的那些点是在黑洞之内还是在黑洞之外的准确定义。我已经和罗杰、彭罗斯讨论过将黑洞定义为不能逃逸到远处的事件集合的想法，这也就是现在被广泛接受的定义。它意味着，黑洞边界——即事件视界——是由刚好不能从黑洞逃逸，而只在边缘上永远盘旋的光线在时空里的路径形成的（图 7.1）。这有

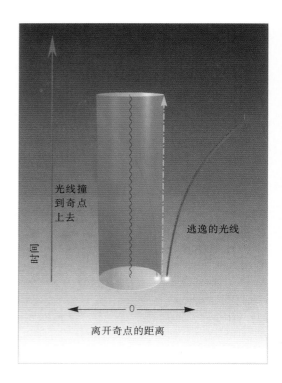

光线撞到奇点上去

时间

逃逸的光线

0

离开奇点的距离

图 7.1 黑洞的事件视界或者边界是由刚好不能从黑洞逃逸的光线组成的。

128

点像从警察那里逃开，但是仅仅维持比警察快一步，而不能彻底逃脱的情景!

我忽然意识到，这些光线的路径永远不可能相互靠近。如果它们靠近,它们最终就必定相撞。这正如和另一个往相反方向逃离警察的人相遇一样——你们俩都会被抓住（或者，在这种情形下落到黑洞中去）。但是,如果这些光线被黑洞吞没，那它们就从未在黑洞的边界上呆过。所以在事件视界上的光线的路径必须永远相互平行运动或相互散开。另一种看到这一点的方法是，事件视界，亦即黑洞边界，正像一个影子的边缘——一个即将临头的灾难的影子。如果你看到在远距离上的一个源,譬如太阳，投下的影子，就能明白边缘上的光线不会相互靠近。

如果从事件视界（亦即黑洞边界）来的光线永不相互靠近，则事件视界的面积可以保持不变或者随时间增大，但它永远不会减小——因为这意味着至少边界上的一些光线必须互相靠近。事实上，每当物质或辐射落到黑洞中去，这面积

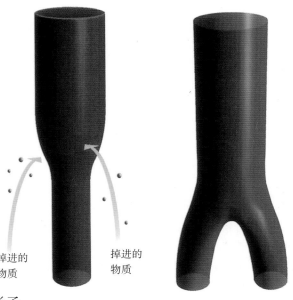

掉进的物质

掉进的物质

图 7.2   图 7.3

图7.2和图7.3 当物质落入黑洞，事件视界的面积增加。在图7.3中两个黑洞碰撞产生了一个面积比原先两个黑洞的视界面积的和更大的事件视界。

就会增大（图7.2）；或者如果两个黑洞碰撞并合并成一个单独的黑洞，这最后的黑洞的事件视界面积就会大于或等于原先黑洞事件视界面积的总和（图7.3）。事件视界面积的非减性质给黑洞的可能行

为加上了重要的限制。我为我的发现如此激动,以至于当夜没睡多少。第二天,我给罗杰·彭罗斯打电话,他同意我的结果。我想,事实上他此前已经意识到了这个面积的性质。然而,他使用了稍微不同的黑洞定义。他没有意识到,假定黑洞已经终止于不随时间变化的状态,按照这两种定义,黑洞的边界并因此其面积都应是一样的。

人们非常容易从黑洞面积的非减行为联想起被叫做熵的物理量的行为。熵是测量一个系统的无序的程度。常识告诉我们,如果不进行外部干涉,事物总是倾向于增加它的无序度。(你只要停止保养房子就会看到这一点!)人们可以从无序中创造出有序来(例如你可以油漆房子),但是必须消耗精力或能量,这样减少了可利用的有序能量的数量。

热力学第二定律是这个观念的一个准确描述。它陈述道:一个孤立系统的熵总是增加的,并且将两个系统连接在一起时,其合并系统的熵大于所有单独系统熵的总和。譬如,考虑一盒气体分子的系统。分子可以认为是不断相互碰撞,并不断从盒子壁反弹回来的康乐球。气体的温度越高,分子运动得越快,这样它们撞击盒壁越频繁也越厉害,而且它们作用到壁上的向外的压力越大。假定初始时所有分子被一隔板限制在盒子的左半部(图7.5)。在以后的某一时

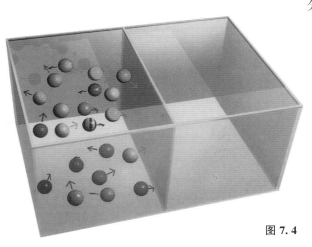

图7.4

图7.4 充满了气体分子的一个盒子,用一块隔板将所有分子都限制在盒子的左半部。

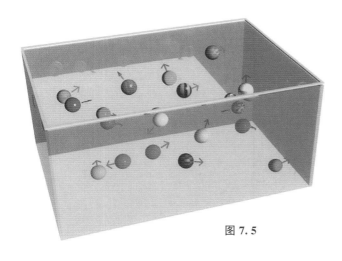

图 7.5

果把两个盒子连在一起并移去中间的壁，则氧分子和氮分子就开始混合。在后来的时刻，最可能的状态是两个盒子都充满了相当均匀的氧分子和氮分子的混合物。这种状态比原先分开的两盒的初始状态更无序，即具有更大的熵。

图 7.6

刻，所有这些分子偶尔会都呆在右半部或回到左半部，但占绝对优势的可能性是，分子的数目在左右两半大致相同。这种状态比原先的所有分子都在一个半部的状态更加无序。因此，人们说气体的熵增加了。类似地，假定我们从两个盒子开始，将一个盒子充满氧分子，另一个盒子充满氮分子。如

图 7.5 随着隔板的移开，分子散开成占据整个盒子的更低序的状态。

图 7.6 一个装有气体的盒子落入黑洞。黑洞之外的总熵当盒子进入黑洞时下降，尽管宇宙(包含该黑洞)的总熵很可能保持常量。

和其他科学定律,譬如牛顿引力定律相比,热力学第二定律的状况相当不同。例如,它只是在绝大多数的而非所有情形下成立。在以后某一时刻,我们第一个盒子中的所有气体分子在盒子的一半被发现的概率只有几万亿分之一,但它们可能发生。然而,如果附近有一黑洞,似乎存在一种非常容易的方法违反第二定律:只要将一些具有大量熵的物体,譬如一盒气体,抛进黑洞里。黑洞之外物体的总熵就会减少(图7.6)。当然,人们仍然可以说,包括黑洞里的熵的总熵没有降低——但是由于没有办法看到黑洞里面,我们不能知道里面物体的熵为多少。如果黑洞具有某一特征,黑洞外的观察者因之可知道它的熵,并且只要携带熵的物体一落入黑洞,它就会增加,那将是很美妙的。紧接着上述的黑洞面积定理的发现,即只要物体落入黑洞,它的事件视界面积就会增加,普林斯顿大学一位名叫雅可布·柏肯斯坦的研究生提出,事件视界的面积即是黑洞熵的量度。由于携带熵的物质落到黑洞中时,它的事件视界的面积会增加,这样就使黑洞外物质的熵和事件视界面积

Commun. math. Phys. 31,161,170 (1973)
© by Springer-Verlag 1973

The Four Laws of Black Hole Mechanics

J.M. Bardeen*

Department of Physics, Yale University, New Haven, Connecticut, USA

B. Carter and S. Hawking

Institute of Astronomy, University of Cambridge, England

Received January 24, 1973

Abstract. Expressions are derived for the mass of a stationary axisymmetric solution of the Einstein equations containing a black hole surrounded by matter and for the difference in mass between two neighboring such solutions. Two of the quantities which appear in these expressions, namely the area A of the event horizon and the "surface gravity" x of the black hole have a close analogy with entropy and temperature respectively. This analogy suggests the formulation of the four laws of black hole mechanics which correspond to and in some ways transcend the four laws of thermodynamics.

在1972年撰写的论文"黑洞力学的四个定律"的题页。

的和永远不会降低。

看来在大多数情况下,这个建议防止热力学第二定律受到违背。然而还有一个致命的瑕疵。如果黑洞具有熵,那它也应该有温度。但具有特定温度的物体必须以一定的速率发出辐射。从日常经验知道:只要将火钳在火上加热,它就会发光发

132

热,发出辐射。但在低温下物体也发出辐射;只是因为辐射量相当小,在通常情况下没有注意到。为了防止违反热力学第二定律,这辐射是必需的。所以黑洞必须发出辐射。但正是按照其定义,黑洞被认为是不发出任何东西的物体。因此,黑洞的事件视界的面积似乎不能认为是它的熵。1972 年,我和布兰登·卡特以及美国同事詹姆·巴丁合写了一篇论文,在论文中我们指出,虽然在熵和事件视界的面积之间存在许多相似点,但还存在着这个致命的困难。我必须承认,写此文章的部分动机是因为被柏肯斯坦激怒,我觉得他滥用了我的事件视界面积增加的发现。然而,最后发现,他基本上还是正确的,虽然是在一种他肯定没有预料到的情形下。

1973 年 9 月我访问莫斯科时,和苏联两位最主要的专家雅可夫·捷尔多维奇和亚历山大·斯塔拉宾斯基讨论黑洞问题。他们说服我,按照量子力学不确定性原理,旋转黑洞应该产生并辐射粒子。在物理学的基础上,我相信他们的论点,但是不喜欢他们计算辐射所用的数学方法。因此,我着手设计一种更好的数学处理方法,并于 1973 年 11 月底在牛津的一次非正式讨论会上将其公布于众。那时我还没计算出实际上有多少辐射。我预料要发现的正是捷尔多维奇和斯塔拉宾斯基预言的从旋转黑洞发出的辐射。然而,当我做了计算,使我既惊奇又恼火的是,我发现甚至非旋转黑洞显然也应以不变速率产生和发射粒子。起初我以为这种辐射表明我使用的一种近似无效。我担心如果柏肯斯坦发现了这个情况,他就一定会用它去进一步支持他关于黑洞熵的思想,而我仍然不喜欢这种思想。然而,我越仔细推敲,越觉得这近似其实应该有效。但是,最后使我信服这辐射是真实的理由是,这辐射的粒子谱刚好是一个热体辐射的谱,而且黑洞以刚好防止第二定律被违反的正确速率发射粒子。此后,其他人用多种不同的形式重复了这个计算。他们所有人都证实了黑洞必须如同一个热体那样发射粒子和辐射,其温度只依赖于黑洞的质量——质量越大则温度越低。

我们知道,任何东西都不能从黑洞的事件视界之内逃逸出来,黑洞怎么可能发射粒子呢?量子理论给我们的回答是,粒子不是从黑洞里面出来的,而是从紧靠黑

洞的事件视界的外面的"空虚的"空间来的! 我们可以用以下的方法去理解这个: 我们以为是"空虚的"空间不能是完全空的, 因为那就意味着诸如引力场和电磁场的所有场都必须刚好是零。然而场的数值和它的时间变化率如同粒子的位置和速度那样: 不确定性原理意味着, 人们对其中的一个量知道得越准确, 则对另一个量知道得越不准确。所以在空虚的空间里场不可能严格地被固定为零, 因为那样它就既有准确的值(零)又有准确的变化率(也是零)。场的值必须有一定的最小的不确定性量或量子起伏。人们可以将这些起伏理解为光或引力的粒子对, 它们在某一时刻同时出现, 相互离开, 然后又相互靠近, 而且相互湮灭(图7.7)。这些粒子正如同携带太阳引力的虚粒子: 它们不像真的粒子那样, 能用粒子探测器直接观察到。然而, 它们的间接效应, 例如原子中的电子轨道能量发生的微小变化, 可被测量出, 并和理论预言一致的程度, 令人十分惊讶。不确定性原理还预言了存在类似的虚的物质粒子对, 例如电子对和夸克对。然而在这种情形下, 粒子对的一个成员为粒子, 而另一成员为反粒子(光和引力的反

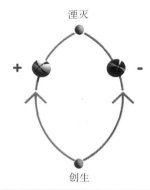

图7.7 "空"的空间充满虚粒子反粒子对。它们被一同创生, 相互离开, 然后再回到一起并且湮灭。

图7.8 如果黑洞存在, 虚对的一个成员会落入黑洞并且成为实粒子。另一成员会从黑洞邻近逃逸。

粒子和粒子相同)。

　　因为能量不能无中生有, 所以粒子反粒子对中的一个伴侣具有正能量, 而另一个具有负能量。由于在正常情况下实粒子总是具有正能量, 所以具有负能量的那一个粒子注定是短命的虚粒子。因此, 它必须找到它的伴侣并与之相互湮灭。然而, 因为实粒子要花费能量抵抗大质量物体的引力吸引才能将其推到远处, 一颗实粒子的能量在接近大质量物体时比在远离时更小。正常情况下, 这粒子的能量仍然

图 7.8

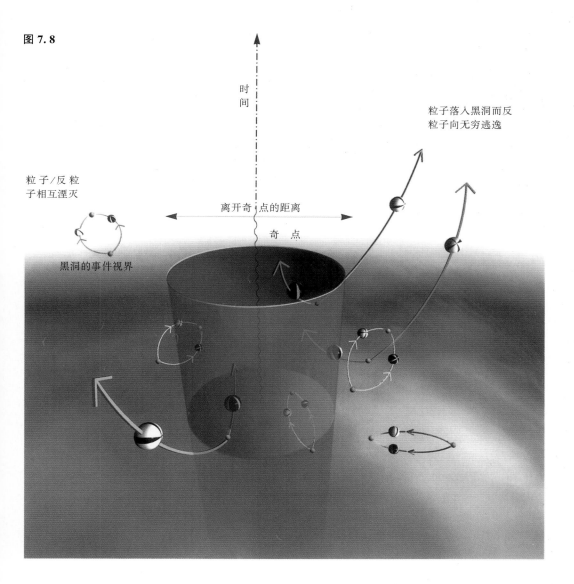

时间

离开奇点的距离

奇 点

粒子落入黑洞而反粒子向无穷逃逸

粒子/反粒子相互湮灭

黑洞的事件视界

图 7.9

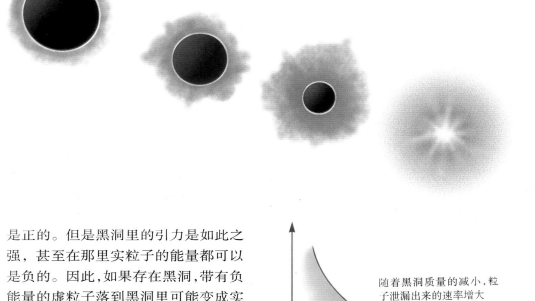

随着黑洞质量的减小，粒子泄漏出来的速率增大

辐射率

黑洞质量

是正的。但是黑洞里的引力是如此之强，甚至在那里实粒子的能量都可以是负的。因此，如果存在黑洞，带有负能量的虚粒子落到黑洞里可能变成实粒子或实反粒子。这种情形下，它不再需要和它的伴侣相互湮灭了。它被抛弃的伴侣也可以落到黑洞中去。或者由于它具有正能量，也可以作为实粒子或实反粒子从黑洞的邻近逃走（图7.8）。对于一个远处的观察者而言，它就显得是从黑洞发射出来的粒子一样。黑洞越小，负能粒子在变成实粒子之前必须走的距离越短，这样黑洞发

图7.9 黑洞发出辐射，因此丧失能量和质量，黑洞变得更小，其辐射率随之增大。人们认为，黑洞最终在一次巨大的爆炸中完全消失。

射率和表观温度也就越大。

辐射出去的正能量会被落入黑洞的负能粒子流平衡。按照爱因斯坦方程 $E=mc^2$（E 是能量，m 是质量，c 为光速），能量和质量成正比。因此，往黑洞去的负能量流减小它的质量。随着黑洞损失质量，它的事件视界面积变得更小，但是它发射出的辐射的熵过量地补偿了黑洞的熵的减少，所以第二定律从未被违反过。

还有，黑洞的质量越小，其温度就越高。这样，随着黑洞损失质量，它的温度和发射率增加，因而它的质量损失得更快（图7.9）。当黑洞的质量最后变得极小时会发生什么，人们并不很清楚。但是最合理的猜想是，它最终将会在一次巨大的，相当于几百万颗氢弹爆炸的辐射暴中消失殆尽。

一个具有几倍太阳质量的黑洞只具有一千万分之一度的绝对温度。这比充满宇宙的微波辐射的温度（大约 2.7K）要低得多，所以这种黑洞的辐射比它吸收的还要少。如果宇宙注定继续永远膨胀下去，微波辐射的温度就会最终减小到比这黑洞的温度还低，它就开始损失质量。但是

即使到了那时候，它的温度是如此之低，以至于要用 100 亿亿亿亿亿亿亿亿年（1 后面跟 66 个 0）才全部蒸发完。这比宇宙的年龄长得多了，宇宙的年龄大约只有 100 亿至 200 亿年（1 或 2 后面跟 10 个 0）。另一方面，正如第六章提及的，在宇宙的极早期阶段存在由于无规性引起的坍缩而形成的质量极小的太初黑洞。这样的小黑洞会有高得多的温度，并以大得多的速率发出辐射。具有 10 亿吨初始质量的太初黑洞的寿命大体和宇宙的年龄相同。初始质量比这小的太初黑洞应该已蒸发完毕，但那些比这稍大的黑洞仍在辐射出 X 射线以及伽马射线。这些 X 射线和伽马射线像光波，只是波长短得多。这样的黑洞几乎不配这黑的绰号：它们实际上是白热的，正以大约 1 万兆瓦的功率发射能量。

一个这样的黑洞可以开动 10 个大型的发电站，只要我们能够驾驭黑洞的功率就好了。然而，这是非常困难的：这黑洞把和一座山差不多的质量压缩成比万亿分之一英寸，亦即一个原子核的尺度还小！如果你在地球表面上有这样的一个黑洞，

图 7.10

就无法阻止它透过地面落到地球的中心。它会穿过地球而来回振动,直到最后停在地球的中心。所以仅有的放置这样一个黑洞并利用其发射出的能量的地方是围绕着地球的轨道,而仅有的使它围绕地球公转的办法是,用在它之前的一个大质量的吸引力去拖它,这和在驴子前面放一根胡萝卜颇为相象(图7.10)。至少在最近的将来,这个设想并不现实。

但是,即使我们不能驾驭来自这些太初黑洞的辐射,我们观测到它们的机遇又如何呢?我们可以寻找太初黑洞在其主要生存期里发出的伽马射线辐射。虽然大部分黑洞在很远以外的地方,从它们来的辐

射非常弱,但是从它们全体来的总辐射是可以检测到的。我们确实观察到这样的一个伽马射线背景:图7.11 表示观察到的强度随频率(每秒波动的次数)的变化。然而,这个背景可以,并且大概是由除了太初黑洞以外的过程产生的。图7.11 中的点线指出,如果每立方光年平均有 300 个太初黑洞,它们所发射的伽马射线的强度应如何随频率变化。因此可以说,伽马射线背景的观测并没给太初黑洞提供任何肯定的证据。但它们明确告诉我们,在宇宙中平均每立方光年不可能有多于 300 个太初黑洞。这个极限表明,太初黑洞最多只能构成宇宙中一百万分之一的物质。

由于太初黑洞是如此稀罕,似乎不太可能存在一个近到我们可以将其当做一个单独的伽马射线源来观察的黑洞。但是由于引力会将太初黑洞往任何物体处拉近,所以它们在星系里面和附近应该会更稠密得多。虽然伽马射线背景告诉我们,平均每立方光年不可能有多于 300 个太初黑洞,但它并没有告诉我们,太初黑洞

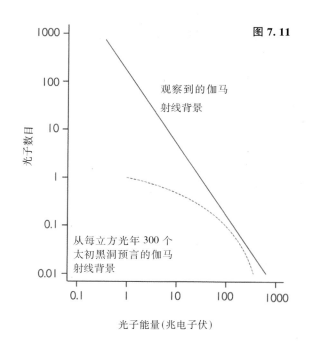

图 7.11

观察到的伽马射线背景

从每立方光年 300 个太初黑洞预言的伽马射线背景

光子数目

光子能量(兆电子伏)

在我们星系中有多么普遍。譬如讲,如果它们的密度比这个普遍 100 万倍,则离开我们最近的黑洞可能大约在 10 亿千米远,或者大约是已知的最远的行星——冥王星那么远。在这个距离上去探测黑洞恒定的辐射,即使其功率为 1 万兆瓦,仍是非常困难的。为了观测到一个太初黑洞,人们必须在合理的时间间隔里,譬如一星期,从同方向检测到几个伽马射线量子。

否则，它们仅可能是背景的一部分。因为伽马射线有非常高的频率，从普朗克量子原理得知，每一伽马射线量子都具有非常高的能量，这样甚至辐射1万兆瓦都不需要许多量子。而要观测到从冥王星这么远来的这些稀少的粒子，需要一个比任何迄今已经建造的更大的伽马射线探测器。况且，由于伽马射线不能穿透大气层，此探测器必须放置到太空。

当然，如果一颗像冥王星这么近的黑洞已达到它生命的末期并要爆炸开来，很容易检测其最后辐射暴。但是，如果一个黑洞已经发射了100亿至200亿年，不在过去或将来的几百万年里，而是在未来的若干年里到达它生命终点的可能性真是微不足道！所以在你的研究津贴用光之前，为了有一合理的机会看到爆炸，必须找到在大约1光年距离之内检测任何爆炸的方法。事实上，原先建造来监督违反禁止核试验条约的卫星检测到了从太空来的伽马射线暴。这些每个月似乎发生16次左右，并且大体均匀地分布在天空的所有方向上。这表明它们起源于太阳系之外，否则的话，我们可以预料它们要集中于行星轨道面上。这种均匀分布还表明，这些伽马射线源要么处于银河系中离我们相当近的地方，要么就在它的外围的宇宙学距离之处，因为否则的话，它们又会集中于星系的平面附近。在后者的情形下，产生伽马射线暴所需的能量实在太大，微小的黑洞根本提供不起。但是如果这些源以星系的尺度衡量和我们邻近，那就可能是正在爆发的黑洞。我非常希望这种情形成真，但是我必须承认，还可以用其他方式来解释伽马射线暴，例如中子星的碰撞。未来几年的新观测，尤其是像LIGO这样的引力波探测器，应该能使我们发现伽马射线暴的起源。

即使对太初黑洞的寻求证明是否定的，看来可能会是这样，仍然给了我们关于极早期宇宙的重要信息。如果早期宇宙曾经是混沌或不规则的，或者如果物质的压力曾经很低，可以预料到会产生比我们由观测伽马射线背景设下的极限多许多的太初黑洞。只有当早期宇宙是非常光滑和均匀的，并有很高的压力，人们才能解释为何没有可观数目的太初黑洞。

黑洞辐射的思想是这种预言的第一

史蒂芬·霍金教授在剑桥，当时他正在著述《时间简史》初版。

例，它以基本的方式依赖于本世纪两个伟大理论，即广义相对论和量子力学。因为它推翻了已有的观点，所以一开始就引起了许多反对："黑洞怎么能辐射东西？"当我在牛津附近的卢瑟福-阿普顿实验室的一次会议上，第一次宣布我的计算结果时，受到了普遍质疑。我讲演结束后，会议主席伦敦国王学院的约翰·泰勒宣布这一切都是毫无意义的。他甚至

为此还写了一篇论文。然而，最终包括约翰·泰勒在内的大部分人都得出结论：如果我们关于广义相对论和量子力学的其他观念是正确的，那么黑洞必须像热体那样辐射。这样，即使我们还不能找到一个太初黑洞，大家相当普遍地同意，如果找到的话，它必须正在发射出大量的伽马射线和 X 射线。

黑洞辐射的存在似乎意味着，引力坍

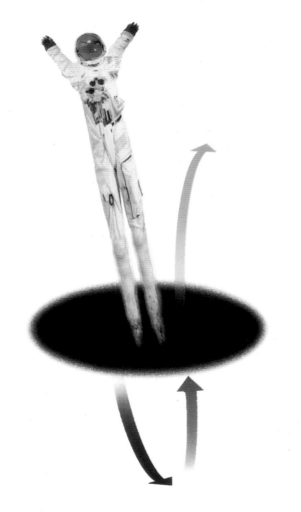

图 7.12

缩不像我们曾经认为的那样是最终的、不可逆转的。如果一个航天员落到黑洞中去,黑洞的质量将增加,但是最终这额外质量的等效能量将会以辐射的形式回到宇宙中去（图7.12）。这样,此航天员在某种意义上被"再循环"了。然而,这是一种非常可怜的不朽,因为当航天员在黑洞里被撕开时,他的任何个人的时间的概念几乎肯定都达到了终点! 甚至最终从黑洞辐射出来的粒子的种类,一般来说都和构成这航天员的不同:这航天员所遗留下来的仅有特征是他的质量或能量。

当黑洞的质量大于几分之一克时,我用以推导黑洞辐射的近似应是很有效的。但是,当黑洞在它的生命晚期,质量变得非常小时,这近似就失效了。最可能的结果看来是,它至少从宇宙的我们这一区域消失

图 7.12 一个落入黑洞的航天员将最终被再循环为当黑洞蒸发时发射出来的粒子和辐射。

了,带走了航天员和可能在它里面的任何奇点(如果其中确有一个奇点的话)。这是量子力学能够去掉广义相对论预言的奇点的第一个迹象。然而,我和其他人在1974年使用的方法不能回答诸如在量子引力论中是否会发生奇性的问题。因此,从1975年以来,根据理查德·费恩曼对于历史求和的思想,我开始推导一种更强有力的量子引力论方法。这种方法对宇宙以及其诸如航天员之类的内容的开端和终结给出的答案,将在以下两章叙述。我们将会看到,虽然不确定性原理对于我们所有的预言的准确性都加上了限制,同时它却可以排除掉发生在时空奇点处的基本的不可预言性。

第八章

宇宙的起源和命运

从爱因斯坦广义相对论本身就能预言：时空在大爆炸奇点处开始，并会在大挤压奇点处（如果整个宇宙坍缩的话）或在黑洞中的一个奇点处（如果一个局部区域，譬如恒星坍缩的话）结束。任何落进黑洞的东西都会在奇点处毁灭，在外面只能继续感觉到它的质量的引力效应。另一方面，当考虑量子效应时，物体的质量和能量似乎会最终回到宇宙的其余部分，黑洞和

右图：1981年作者和教皇保罗会面。

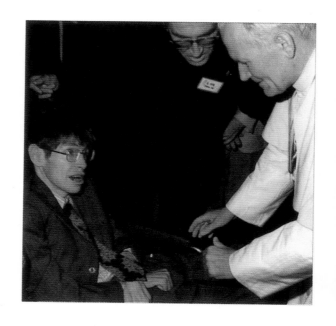

在它当中的任何奇点会一道蒸发掉并最终消失。量子力学对大爆炸和大挤压奇点也能有同等戏剧性的效应吗?在宇宙的极早或极晚期,当引力场如此之强,量子效应不能不考虑时,究竟会发生什么?宇宙究竟是否有一个开端或终结? 如果有的话,它们是什么样子的?

我在整个 70 年代主要研究黑洞,但在 1981 年参加在梵蒂冈由耶稣会组织的宇宙学会议时,我对于宇宙的起源和命运问题的兴趣被重新唤起。当天主教会试图对科学的问题发号施令,并宣布太阳围绕着地球运动时,对伽利略犯下了严重的错误。几个世纪后的现在,它决定邀请一些专家做宇宙学问题的顾问。在会议的尾声,教皇接见所有与会者。他告诉我们,在大爆炸之后的宇宙演化是可以研究的,但是我们不应该去过问大爆炸本身,因为那是创生的时刻,因而只能是上帝的事务。我心中窃喜,看来他并不知道,我刚在会议上作过的演讲的主题——时空有限而无界的可能性,这意味着它没有

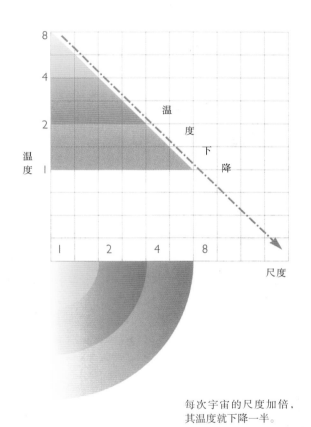

每次宇宙的尺度加倍,其温度就下降一半。

图 8.1

开端、没有创生的时刻。我不想去分享伽利略的厄运。我对伽利略之所以有一种强烈的认同感,其部分原因是我刚好出生于他死后的 300 年!

145

1954 年在比基尼珊瑚岛进行的核弹试验。在原子弹爆炸中心，人们可以制造大约100亿度的温度。这与大爆炸后 1 秒的宇宙温度相当。

为了解释我和其他人关于量子力学如何影响宇宙的起源和命运的思想，必须首先按照所谓的"热大爆炸模型"来理解被广泛接受的宇宙历史（见图 8.2）。这是假定从早到大爆炸时刻起宇宙就可用弗里德曼模型来描述。在此模型中，人们发现当宇宙膨胀时，其中的任何物体或辐射都变得更凉。（当宇宙的尺度大到 2 倍，它的温度就降低到一半。见图 8.1。）由于温度即是粒子的平均能量——或速度的测度，宇宙的变凉对于其中的物质就会有较大的效应。在非常高的温度下，粒子能够运动得如此之快，可以逃脱任何由核力或电磁力将它们吸引在一起的作用。但是可以预料到，随着它们冷却下来，粒子相互吸引并且开始结块。更有甚者，连存在于宇宙中的粒子种类也依赖于温度。在足够高的温度下，粒子的能量是如此之高，只要它们碰撞就会产生很多不同的粒子/反粒子对——并且，虽然其中一些粒子打到反粒子上去时会湮灭，但是它们产生得比湮灭得更快。然而，在更低的温度下，碰撞粒子具有较小的能量，粒子/反粒子对产生得不快——而湮灭则变得比产生更快。

　　就在大爆炸时，宇宙体积被认为是零，所以是无限热。但是，辐射的温度随着宇宙的膨胀而降低。大爆炸后的 1 秒钟，温度降低到约为 100 亿度，这大约是太阳中心温度的 1000 倍，亦即氢弹爆炸达到的温度。此刻宇宙主要包含光子、电子和中微子（极轻的粒子，它只受弱力和引力的作用）和它们的反粒子，还有一些质子和中子。随着宇宙的继续膨胀，温度继续降低，电子/反电子对在碰撞中的产生率就落到它们的湮灭率之下。这样，大多数电子和反电子相互湮灭掉了，产生出更多

在这幅拼贴画中，乔治·伽莫夫作为从装有假想的大爆炸太初物质的瓶子跳出的魔鬼。正是伽莫夫和出现在这幅画中的拉夫·阿尔法首次提出宇宙有一非常热的早期。

的光子，只剩下很少的电子。然而，中微子和反中微子并没有相互湮灭掉，因为这些粒子和它们自己以及其他粒子的作用非常微弱。这样，直到今天它们应该仍然存在。如果我们能观测到它们，就会为非常热的早期宇宙阶段的图象提供一个很好的检验。可惜现在它们的能量太低了，使得我们不能直接观察到。然而，如果中微

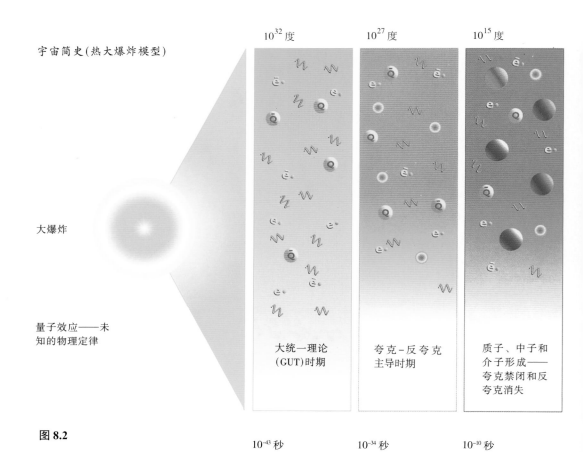

宇宙简史(热大爆炸模型)

10^{32} 度　　10^{27} 度　　10^{15} 度

大爆炸

量子效应——未知的物理定律

大统一理论(GUT)时期　　夸克–反夸克主导时期　　质子、中子和介子形成——夸克禁闭和反夸克消失

图 8.2

10^{-43} 秒　　10^{-34} 秒　　10^{-10} 秒

148

10^{10} 度 10^9 度   3000 度   20 度   3 度

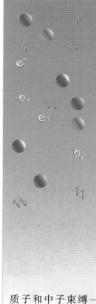   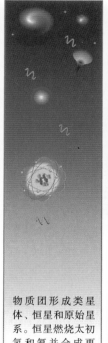 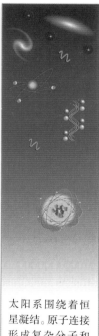

质子和中子束缚一起形成氢、氦、锂和氘核

物质和辐射耦合在一起

当电子和核结合在一起，物质和辐射去耦。宇宙对于宇宙背景辐射变成透明

物质团形成类星体、恒星和原始星系。恒星燃烧太初氢和氦并合成更重的核

太阳系围绕着恒星凝结。原子连接形成复杂分子和生命物质

1 秒   3 分   300000 年   10 亿年   150 亿年

子不是零质量，而是像近年的一些实验暗示的，自身具有小的质量，我们则可能间接地探测到它们：正如前面提到的那样，它们可以是"暗物质"的一种形式，具有足够的引力吸引去遏止宇宙的膨胀，并使之重新坍缩。

在大爆炸后的大约 100 秒，温度降到了 10 亿度，也即最热的恒星内部的温度。在此温度下，质子和中子不再有足够的能量逃脱强核力的吸引，所以开始结合产生氘（重氢）的原子核。氘核包含一个质子和一个中子。然后，氘核和更多的

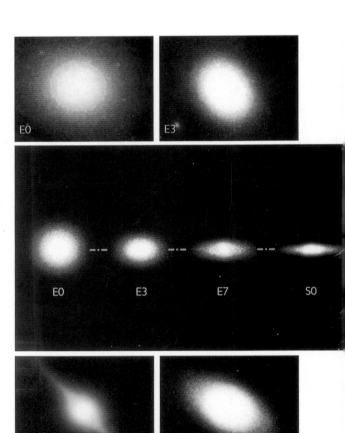

图8.3　1936年埃德温·哈勃和密尔顿·哈默逊提出的星系分类的修正方案。左方为四种无特征的椭圆非旋转系统 E0，E3，E7 和 S0，右上组是螺旋星系 Sa，Sb 和 Sc，而下面是棒旋星系 SBa，SBb 和 SBc。在每一组中的三个分类 a，b 和 c 表示当星系的臂变得更宽大更开放时中心核的区域变得更小。

质子、中子相结合形成氦核，它包含两个质子和两个中子，还产生了少量的两种更重的元素锂和

他元素。余下的中子会衰变成质子，这正是通常氢原子的核。

1948 年，科学家乔治·伽莫夫和他的学生拉夫·阿尔法在一篇著名的合作的论文中，第一次提出了

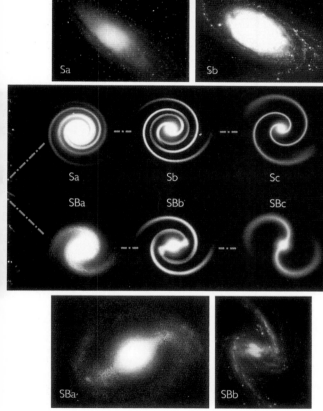

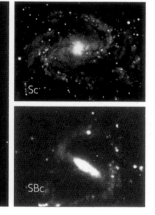

宇宙的热的早期阶段的图象。伽莫夫颇为幽默——他说服了核物理学家汉斯·贝特将他的名字加到这论文上面，使得列名作者为"阿尔法、贝特、伽莫夫"，正如最前面三个希腊字母：阿尔法、贝他、伽马。这特别适合于一篇关于宇宙开初的论文！他们在此论文中作出了一个惊人的预言：宇宙的热的早期阶

铍。可以计算出，在热大爆炸模型中大约 1/4 的质子和中子变成了氦核，还有少量的重氢和其

151

段的辐射(以光子的形式)今天还应该在周围存在，但是其温度已被降低到只比绝对零度(−273℃)高几度。这正是彭齐亚斯和威尔逊在1965年发现的辐射。在阿尔法、贝特和伽莫夫写此论文时，对于质子和中子的核反应了解得不多，所以对于早期宇宙不同元素比例所作的预言相当不准确；但是，在用更好的知识重新进行这些计算之后，现在的结果已和我们的观测符合得非常好。况且，在解释宇宙为何应该有这么多氦时，用任何其他方法都是非常困难的。所以，我们相当确信，至少一直回溯到大爆炸后大约1秒钟为止，这个图象是正确无误的。

大爆炸后的几个钟头之内，氦和其他元素的产生就停止了。之后的100万年左右，宇宙仅仅是继续膨胀，没有发生什么事。最后，一旦温度降低到几千度，电子和核子不再有足够能量去战胜它们之间的电磁吸引力，就开始结合形成原子。宇宙作为整体，继续膨胀变冷，但在一个比平均稍微密集些的区域，膨胀就会由于额外的引力吸引而缓慢下来。在一些区域膨胀

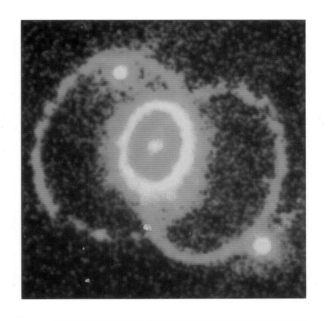

上图：超新星1987年爆发的结果。中心的环是爆发吹散的膨胀的物质，而中央斑点是一个新的中子星。

对面图：天鹰团的尘埃和气体云中正诞生新的恒星。

这两张照片都是哈勃空间望远镜拍摄的。从插入小图可以看到它被修理的情景。

最终会停止并开始坍缩。当它们坍缩时，在这些区域外的物体的引力拉力使它们开始很慢地旋转；当坍缩的区域变得更小，它会自转得更快——正如在冰上自转

153

的滑冰者,缩回手臂时会自转得更快。最终,当区域变得足够小,它自转得快到足以平衡引力的吸引,碟状的旋转星系就以这种方式诞生了(图8.3)。另外一些区域刚好没有得到旋转,就形成了叫做椭圆星系的椭球状物体。这些区域之所以停止坍缩,是因为星系的个别部分稳定地围绕着它的中心公转,但星系整体并没有旋转。

随着时间流逝,星系中的氢和氦气体被分割成更小的星云,它们在自身引力下坍缩。当它们收缩时,其中的原子相互碰撞,气体温度升高,直到最后,热得足以开始热聚变反应。这些反应将更多的氢转变成氦,释放出的热增加了压力,因此使星云不再继续收缩。它们会稳定地在这种状态下,作为像太阳一样的恒星停留一段很长的时间,它们将氢燃烧成氦,并将得到的能量以热和光的形式辐射出来。质量更大的恒星需要变得更热,以平衡它们更强的引力吸引,使得其核聚变反应进行得极快,以至于它们在1亿年这么短的时间里将氢耗光。然后,它们会稍微收缩一点,而随着它们进一步变热,就开始将氦转变成像碳和氧这样更重的元素。但是,这一过程没有释放出太多的能量,所以正如在黑洞那一章描述的,危机就会发生了。人们不完全清楚下一步还会发生什么,但是看来恒星的中心区域很可能坍缩成一个非常致密的状态,譬如中子星或黑洞。恒星的外部区域有时会在称为超新星的巨大爆发中吹出来,这种爆发使星系中的所有恒星在相形之下显得黯淡无光。恒星接近生命终点时产生的一些重元素就被抛回到星系里的气体中去,为下一代恒星提供一些原料。因为我们的太阳是第二代或第三代恒星,是大约50亿年前由包含有更早超新星碎片的旋转气体云形成的,所以大约包含2%这样的重元素。云里的大部分气体形成了太阳或者喷到外面去,但是少量的重元素集聚在一起,形成了像地球这样的,现在作为行星围绕太阳公转的物体。

地球原先是非常热的,并且没有大气。在时间的长河中它冷却下来,并从岩石中散发气体得到了大气。我们无法在这早先的大气中存活。因为它不包含氧气,反而包含很多对我们有毒的气体,如硫化氢(即是使臭鸡蛋难闻的气体)。然而,存在其他能在这种条件下繁衍的原始的生命形式。人们认为,它们可能是作为原子

图 8.4

宇宙从非常热开始

微波背景温度
在所有方向几
乎完全相同

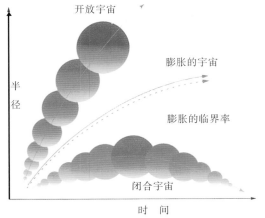

宇宙处于继续膨胀和重新坍缩

宇宙密度的微小起伏导致星系和恒星的形成

的偶然结合,形成叫做高分子的大结构的
结果,而在海洋中发展,这种结构能够将
海洋中的其他原子聚集成类似的结构。它

们就这样复制自己并繁殖。在有些情况下
复制有些误差。这些误差通常使新的高分
子不能复制自己,并最终被消灭。然而,一

155

"造物主",威廉·布拉克绘制(1757~1827)。

并且往往取代原先的高分子。进化的过程就是用这种方式开始，并导致越来越复杂的自我复制组织的产生。第一种原始的生命形式消化了包括硫化氢在内的不同物质，而释放出氧气。这就逐渐地将大气改变成今天这样的成分，并且允许诸如鱼、爬行动物、哺乳动物以及最后人类等生命的更高形式的发展。

宇宙从非常热的状态开始并随膨胀而冷却的景象，和我们今天所有的观测证据相一致。尽管如此，它还留下许多未被回答的重要问题(图8.4)：

(1)为何早期宇宙如此之热？

(2)为何宇宙在大尺度上如此均匀？为何它在空间的所有点上和所有方向上看起来相同？尤其是当我们朝不同方向看时，为何微波辐射背景的温度几乎完全相同？这有点像问许多学生一个考试题。如果所有人都给出完全相同的回

些误差会产生出新的高分子,在复制它们自己时会变得更好。因此它们具有优势，答，你就会相当肯定，他们相互之间交流过。在上述的模型中，从大爆炸开始光还

156

没有来得及从一个遥远的区域到达另一个区域,即使这两个区域在宇宙的早期靠得很近。按照相对论,如果连光都不能从一个区域到达另一个区域,则没有任何其他的信息能做到。所以,除非因为某种不能解释的原因,导致早期宇宙中不同的区域刚好从同样的温度开始,否则没有一种方法能使它们达到相互一样的温度。

(3)为何宇宙以这么接近于区分坍缩和永远膨胀模型的临界膨胀率开始,这样即使在 100 亿年以后的现在,它仍然几乎以临界的速率膨胀?如果在大爆炸后的 1 秒钟那一时刻其膨胀率哪怕小十亿亿分之一,那么在它达到今天这么大的尺度之前宇宙早已坍缩。

(4)尽管宇宙在大尺度上是如此的一致和均匀,它却包含有局部的无规性,诸如恒星和星系。人们认为,这些是从早期宇宙中不同区域之间密度的细小差别发展而来的。这些密度起伏的起源是什么?

广义相对论本身不能解释这些特征或回答这些问题,因为它预言,宇宙是从在大爆炸奇点处的无限密度起始的。广义相对论和所有其他物理定律在奇点处都失效了:人们不能预言从奇点会出来什么。正如以前解释的,这表明我们可以从这理论中割除去大爆炸奇点和任何先于它的事件,因为它们对我们没有任何观测效应。时空会有一个边界——大爆炸处的开端。

科学似乎揭示了一族定律,在不确定性原理设下的极限内,如果我们知道宇宙在任一时刻的状态,这些定律就会告诉我们,它如何随时间发展。这些定律也许原先是由上帝颁布的,但是看来从那以后他就让宇宙自身按照这些定律去演化,而现在不对它干涉。但是,他是怎么选择宇宙的初始状态和结构的呢?什么是在时间起始处的"边界条件"?

一种可能的回答是,上帝选择宇宙的这种初始结构是因为某些我们无望理解的原因。这肯定是在一个全能造物主的力量之内。但是如果他使宇宙以这种不能理解的方式开始,他为何又选择让它按照我们可理解的定律去演化?整部科学史正是对事件不是以任意方式发生,而是反映了一定内在秩序的逐步的意识。这秩序可以是,也可以不是由神灵启示的。只

膨胀率是临界的，所有其他参数都适合于生命

其他物理参数的变化

膨胀率是临界的，但是其他物理常数的值不适合于生命

时间

150亿年

在智慧生命发展之前宇宙就坍缩了

宇宙膨胀得过于快速并且变成几乎是空虚的

膨胀率

图 8.5　强人存原理假设，存在许多具有不同初始膨胀率和其他基本物理性质的不同的宇宙。只有一些适合于生命。

有假定这种秩序不但应用于定律,而且应用于时空边界处的条件时才是自然的,这种条件指明宇宙的初始态。可以有大量具有不同初始条件的宇宙模型,它们都服从定律。应该存在某种原则去抽取一个初始状态,也就是一个模型,去代表我们的宇宙。

所谓的混沌边界条件即是这样一种可能性。这些条件含蓄地假定,要么宇宙是空间无限的,要么存在无限多宇宙。在混沌边界条件下,在刚刚大爆炸之后,寻求任何空间区域在任意给定的结构的概率,在某种意义上,和它在任何其他结构的概率是一样的:宇宙初始态的选择纯粹是随机的。这意味着,早期宇宙可能是非常混沌和无序的。因为与光滑和有序的宇宙相比,存在着多得多的混沌和无序的宇宙。(如果每一结构都是等几率的,因为混沌无序态多得这么多,宇宙多半会从这种态起始)。很难理解,从这样混沌的初始条件,如何导致今天我们这个在大尺度上如此光滑和规则的宇宙。人们还预料,在这样的模型中,密度起伏导致比伽马射线背景观测设定的上限多得多的太初黑洞的形成。

如果宇宙确实是空间无限的,或者如果存在无限多宇宙,就会存在某些从光滑和一致的形态开始演化的大的区域。这有点像著名的一大群猴子锤击打字机的故事——它们所写的大部分都是废话。但是纯粹由于偶然,它们可能碰巧打出莎士比亚的一首十四行诗。类似地,在宇宙的情形下,是否我们可能刚好生活在一个光滑和均匀的区域里呢?初看起来,这是非常不可能的,因为这样光滑的区域比混沌的无序的区域稀罕得多。然而,假定只有在光滑的区域里星系、恒星才能形成,才能有合适的条件,让像我们这样复杂的,能自然复制的机体得以发展,这种机体能够质疑宇宙为什么如此光滑的问题。这就是应用称为人存原理的一个例子。人存原理可以解释为:"我们看到的宇宙之所以如此,乃是因为我们的存在。"

人存原理有弱的和强的意义下的两种版本。弱人存原理是讲,在一个大的或具有无限空间和/或时间的宇宙里,只有在某些时空有限的区域里,才存在智慧生命发展的必要条件。因此,在这些区域中,如果智慧生物观察到他们在宇宙的位置

满足他们存在必要的条件,他们就不应感到惊讶。这有点像生活在富裕街坊的富人看不到任何贫穷。

应用弱人存原理的一个例子是"解释"为何大爆炸发生于大约100亿年之前——智慧生物大约需要那么长时间演化。正如前面解释的,一个早代的恒星必须首先形成。这些恒星将原先的一些氢和氦转化成像碳和氧这样的元素,由这些元素构成我们。然后恒星作为超新星而爆发,其裂片形成其他恒星和行星,其中就包括我们的太阳系,太阳系年龄大约是50亿年。地球存在的头10亿或20亿年,对于任何复杂东西的发展都嫌太热。余下的30亿年左右才用于生物进化的漫长过程,从最简单的生命,直到能够测量回溯到大爆炸的时间的生命,就在此期间形成。

很少有人会对弱人存原理的有效性提出异议。然而,有的人走得更远并提出强人存原理(图8.5)。按照这个理论,要么存在许多不同的宇宙,要么存在一个单独宇宙的许多不同的区域,每一个都有自己初始的结构,或许还有自己的一族科学定律。这些宇宙中的大多数,不具备复杂机体发展的合适条件;只有在少数像我们的宇宙中,智慧生命才得以发展并能质疑:"为何宇宙是我们看到的这种样子?"答案很简单:如果它不是这个样子,我们就不会在这里!

我们现在知道,科学定律包含许多基本的数,如电子电荷的大小以及质子和电子的质量比。至少现在,我们不能从理论上预言这些数值——我们必须由观测找到它们。也许有一天,我们会发现一个将它们所有都预言出来的完备的统一理论,但是还有可能它们之中的一些或全部,在不同的宇宙或在一个单一宇宙之中是变化的。值得注意的事实是,这些数值看来是被非常细微地调整到让生命得以发展。例如,如果电子的电荷只要稍微有点不同,则要么恒星不能够燃烧氢和氦,要么它们没有爆炸过。当然,也许存在其他形式的、甚至还没被科学幻想作家梦想过的智慧生命。它并不需要像太阳这样恒星的光,或在恒星中制造出并在它爆炸时被抛到空间去的更重的化学元素。尽管如此,看来很清楚,允许任何智慧生命形式的发展的数值范围是比较小的。对于大部分数值的集合,宇宙也会产生,虽然它们可以

托勒密的地心宇宙学，地球处于宇宙的中心

哥白尼的日心宇宙学，地球在太阳系里，其他恒星在外空间运行

星系宇宙学，地球绕着银河系一个螺旋臂的外端的一个中等恒星公转

我们现在的图象是，银河系只是宇宙在我们特定的区域内的万亿个可观察到的星系中的一个

是非常美的，可惜不包含任何一个能为如此美丽而倾倒的人。人们既可以认为这是在创生和科学定律选取中的神意的证据，也可以认为是对强人存原理的支持。

人们可以提出一系列理由，来反对用强人存原理解释观察到的宇宙状态。首先，在何种意义上，可以说所有这些不同的宇宙存在？如果它们确实相互隔开，在其他宇宙中发生的事件在我们自己的宇宙中就没有可观测的后果。所以，我们应该用经济原理，将它们从理论中割除掉。另一方面，它们若仅仅是一个单一宇宙的不同区域，则在每个区域里的科学定律必须是一样的，否则人们就不能从一个区域连续地运动到另一区域。在这种情况下，不同区域之间的仅有的不同是它们的初始结构。这样，强人存原理即归结为弱人存原理。

对强人存原理的第二个异

图 8.7 在热大爆炸模型中，膨胀率总是随时间减小。但是，在暴胀模型中膨胀率在早期阶段快速增大。

议是，它和整个科学史的潮流背道而驰。我们现代的图象是从托勒密和他的支持者的地心宇宙论出发，通过哥白尼和伽利略日心宇宙论发展而来的。在此图象中，地球是一个中等大小的行星，它围绕着一个寻常的螺旋星系外圈的普通恒星作公转，而这星系本身只是可观察到的宇宙中大约万亿个星系之一（图 8.6）。然而强人存原理却宣布，这整个庞大的构造仅仅是因我们的缘故而存在，这是非常令人难以置信的。我们太阳系肯定是我们存在的前提，人们可以将之推广于我们的整个星系，作为让产生重元素的早代恒星存在的前提。但是，丝毫看不出存在任何其他星系的必要，宇宙在大尺度上也不必在每一方向上必须如此一致和类似。

如果人们能够表明，宇宙的相当多不同的初始结构会演化产生像我们今天看到的宇宙，至少在弱的形式上，人们会对人存原理感到更满意。如果果真如此，则一个从某些随机的初始条件发展而来的宇宙，应当包含许多光滑均匀的区域，而且这些区域适合智慧生命演化。另一方面，如果必须极端仔细地选择宇宙的初始条件，才能导致在我们周围所看到的一切，宇宙就不太可能包含任何会出现生命的区域。在上述的热大爆炸模型中，热来不及从一个区域流到另一区域。这意味着宇宙的初始态在每一处必须刚好有同样的温度，才能说明我们在每一方向上看到的微波背景辐射都有同样温度。其初始的膨胀率也要非常精确地选择，才能使现在的膨胀率仍然这么接近于需要用以避免坍缩的临界速率。这表明，如果热大爆炸模型直到时间的开端都是正确的，则确实必须非常仔细地选择宇宙的初始态。所以，除非作为上帝有意创造像我们这样生命的行为，否则很难解释，为何宇宙只用这种方式起始。

为了试图寻找一个能从许多不同的初始结构演化到像现在这样的宇宙的东西，麻省理工学院的科学家阿伦·固斯提出，早期宇宙可能经历过一个非常快速膨胀的时期。这种膨胀叫做"暴胀"，意指宇宙在一段时间里，不像现在这样以减少的，而是以增加的速率膨胀（图 8.7）。按照固斯理论，在远远小于 1 秒的时间里，宇宙的半径增大了 100 万亿亿亿（1 后面跟 30 个 0）倍。

固斯提出，宇宙是以一种非常热而且

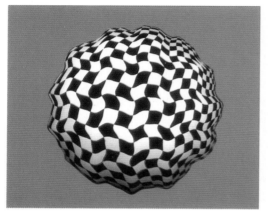

图8.8　宇宙在最初时的快速膨胀将宇宙展平,而且使膨胀率几乎成为临界值。

相当混沌的状态从大爆炸起始的。这些高温表明宇宙中的粒子运动得非常快并具有高能量。正如早先我们讨论过的,人们预料在这么高的温度下,强和弱核力及电磁力都被统一成一个单独的力。随着宇宙膨胀,它会变冷,而粒子能量下降。最后出现了所谓的相变,并且力之间的对称性被破坏了:强力变得和弱力以及电磁力不同。相变的一个普通的例子是,当水降温时会冻结成冰。液态水是对称的,它在任何一点和任何方向上都是相同的。然而,当冰晶体形成时, 它们有确定的位置,并在某一方向上整齐排列。这就破坏了水的对称。

在水的情形,只要你足够小心,就能使之"过冷":也就是可以将温度降低到冰点(0℃)以下而不结冰。固斯认为,宇宙的行为也很相似:宇宙温度可以降低到临界值以下,而各种力之间的对称没有受到破坏。如果发生这种情形,宇宙就处于一个不稳定状态, 其能量比对称破缺时更大。

可以指出,这特殊的额外能量呈现出反引力的效应:其作用如同一个宇宙常数。宇宙常数是当爱因斯坦在试图建立一个稳定的宇宙模型时,引进广义相对论之中去的。由于宇宙已经像大爆炸模型那样膨胀,所以这宇宙常数的排斥效应使得宇宙以不断增加的速度膨胀。即使在一些物质粒子比平均数更多的区域,这一有效宇宙常数的排斥作用也超过了物质的引力吸引作用。这样,这些区域也以加速暴胀的形式膨胀。当它们膨胀时,物质粒子就越分越开,留下了一个几乎不包含任何粒

子,并仍然处于过冷状态的膨胀的宇宙。这种膨胀抹平了宇宙中的任何不规则性,正如当你吹胀气球时,它上面的皱纹就被抹平了(图 8.8)。这样,从许多不同的非均匀的初始状态可以演化出宇宙现在光滑均匀的状态。

在这样一个其膨胀由宇宙常数加速,而不因物质的引力吸引使之减慢的宇宙中,早期宇宙中的光线就有足够的时间从一个区域旅行到另一个区域。这就解答了早先提出的,为何在早期宇宙中的不同区域具有同样性质的问题。不但如此,宇宙

的膨胀率也自动变得非常接近由宇宙的能量密度决定的临界值。这就能够解释，不需假设宇宙初始膨胀率曾被非常仔细地选择过，为何现在的膨胀率仍然这么接近临界值。

暴胀的思想还能解释为何在宇宙中存在这么多物质。在我们能观察到的宇宙中大约有1亿亿亿亿亿亿亿亿亿亿亿（1后面跟80个0）个粒子。它们从何而来？答案是，在量子理论中，粒子可以以粒子/反粒子对的形式由能量中创生出来。但这只不过引起能量从何而来的问题。答案是，宇宙的总能量准确为零。宇宙中的物质是由正能量产生的。然而，物质本身由于引力总是吸引的。两块相互靠近的物质比两块分得很开的物质具有较少的能量，因为你必须消耗能量去克服把它们拉在一起的引力才能将其分开。这样，在一定意义上，引力场具有负能量。在空间上大体一致的宇宙的情形中，人们可以证明，这个负的引力能刚好抵消了物质所代表的正能量。这样，宇宙的总能量为零。

零的两倍仍为零。这样，宇宙可以同时将其正的物质能和负的引力能加倍，而不违反能量守恒。在宇宙正常膨胀时，这并没有发生。这时当宇宙变大时，物质能量密度下降。然而，这种情形确实发生于暴胀时期。因为当宇宙膨胀时，过冷态的能量密度保持不变：当宇宙体积加倍时，正物质能和负引力能都加倍，这样总能量保持为零。在暴胀相，宇宙的尺度增大了一个非常大的倍数。这样，可用以制造粒子的总能量变得非常大。正如固斯说过的："都说没有免费午餐这回事，但是宇宙却是最彻底的免费午餐。"

今天宇宙不是以暴胀的方式膨胀。这样，必须有一种机制，它可以消去这一非常大的有效宇宙常数，从而使膨胀率从加速的状态改变为如同今天这样由引力减慢的状态。人们可以预料，在宇宙暴胀时各种力之间的对称最终会破缺，正如过冷的水最终会凝固一样。这样，未破缺的对称态的额外能量就会释放，并将宇宙重新加热到刚好低于使各种力对称的临界温度。以后，宇宙就以标准的大爆炸模式继续膨胀并变冷。但是，现在我们可以解释，为何宇宙刚好以临界速率膨胀，并且为何不同的区域具有相同的温度。

若干年前暴胀宇宙场景的状况
（剑桥 1982 年）

安德雷·林德的卡通描绘20世纪80年代早期的暴胀
模型的状态。

在固斯的原先设想中，有点像在非常冷的水中出现冰晶体，相变是突然发生的。其想法是，正如同沸腾的水围绕着蒸汽泡，新的对称破缺相的"泡泡"在原有的对称相中形成。设想泡泡膨胀并相互碰撞，直到整个宇宙处于新相。麻烦在于，正如同我和其他几个人指出的，宇宙膨胀得如此之快，即使泡泡以光速胀大，它们也要相互分离，并因此不能合并在一起。结果宇宙变成一种非常不均匀的状态，有些区域仍具有各种力之间的对称。这样的模型跟我们观察到的宇宙不吻合。

1981 年 10 月，我去莫斯科参加量子引力的会议。会后，我在斯特堡天文研究所做了一个有关暴胀模型和它的问题的讲演。在此之前，我请其他人替我宣读讲稿，因为大多数人听不懂我的声音。但是这一次我来

不及准备讲稿,所以我自己讲,让我的一名研究生逐字逐句地重复我的话。演讲进行得很顺利,并且使我有多得多的时间和听众交谈。听众席中有一位年轻的苏联人,莫斯科列别捷夫研究所的安德雷·林德。他说,如果泡泡是如此之大,使得我们的宇宙区域被整个地包含在一个单独的泡泡之中,则可以避免泡泡不能合并在一起的困难。为了使这个行得通,从对称相向对称破缺相的改变必须在泡泡中发生得非常缓慢,但是按照大统一理论这是完全可能的。林德的缓慢对称破缺思想非常好,但是过后我意识到,他的泡泡在那一时刻必须比宇宙的尺度还要大! 我指出,那时对称不仅仅在泡泡里,而且在所有的地方同时被破坏。这会导致一个正如我们观察到的一致的宇宙。我被这个思想弄得非常激动,并和我的一个学生因·莫斯讨论。然而,当我后来收到一个科学杂志社寄来的林德的论文,征求是否可以发表时,作为他的朋友,我感到相当难为情。我答复说,这里有一个关于泡泡比宇宙还大的瑕疵,但是里面关于缓慢对称破缺的基本思想是非常好的。我建议将此论文照原

样发表。因为林德要花几个月时间去改正它,并且他寄到西方的任何东西都要通过苏联的审查,这种对于科学论文的审查既无技巧可言又很缓慢。我和因·莫斯便越俎代庖,为同一杂志写了一篇短文。我们在该文中指出这泡泡的问题,并提出如何将其解决。

我从莫斯科返回的第二天,即去费城接受富兰克林研究所的奖章。我的秘书朱迪·费拉施展其不俗的魅力说服了英国航空公司给她自己和我免费提供协和式飞机的广告旅行坐席。然而,在去机场的路上被大雨耽搁,我没赶上航班。尽管如此,我最终还是到了费城并得到奖章。之后,我应邀在费城的爵索尔大学作了关于暴胀宇宙的演讲。我所作的演讲,正和在莫斯科的一样,是关于暴胀宇宙的问题。

几个月之后,宾州大学的保罗·斯特恩哈特和安德鲁斯·阿伯勒希特独立地提出和林德非常相似的思想。现在他们和林德分享以缓慢对称破缺的思想为基础的所谓"新暴胀模型"的荣誉。(旧的暴胀模型是指固斯关于形成泡泡后快速对称破缺的原始设想。)

新暴胀模型是一个好的尝试,它能解释宇宙为何是这种样子。然而我和其他几个人指出,至少在它原先的形式,它预言的微波背景辐射的温度变化要比观察到的大得多。后来的工作还对极早期宇宙中是否存在过这类需要的相变提出怀疑。我个人的意见是,现在新暴胀模型作为一个科学理论气数已尽。虽然还有很多人似乎不承认它的死亡,还继续写文章,好像那理论还有生命力。1983年,林德提出了一个更好的所谓混沌暴胀模型。这里没有相变和过冷,而代之以存在一个自旋为0的场,由于它的量子涨落,在早期宇宙的某些区域有大的场值。在那些区域中,场的能量起到宇宙常数的作用,它具有排斥的引力效应,而使这些区域以暴胀的形式膨胀。随着它们膨胀,它们中的场的能量慢慢地减小,直到暴胀改变到犹如热大爆炸模型中的膨胀时为止。这些区域之一就成为可观察的宇宙让我们看到。这个模型具有早先暴胀模型的所有优点,但是它并不取决于使人生疑的相变,此外,它还能给出微波背景辐射温度起伏的合理幅度,这与观测相符合。

暴胀模型的这个研究指出:宇宙现在的状态可以从相当大量的不同初始结构引起。这很重要,因为它表明不必非常细心地选取我们居住的那部分宇宙区域的初始状态。所以,如果愿意的话,我们可以利用弱人存原理解释宇宙为何现在如此这般。然而,绝不是任何一种初始结构都会产生像我们观察到的宇宙。这一点很容易做到。考虑现在宇宙处于一个非常不同的态,例如一个非常成团的非常无规则的态。人们可以利用科学定律,在时间上将其演化回去,以确定宇宙在更早时刻的结构。按照经典广义相对论的奇点定理,仍然存在一个大爆炸奇点。如果你在时间前进方向上按照科学定律演化这样的宇宙,你就会得到你从其开始的那个成团的无规则的态。这样,必定存在不会产生像我们今天观察到的宇宙的初始结构。所以,就连暴胀模型也没有告诉我们,为何初始结构不是那种态,从它演化成和我们观测到的非常不同的宇宙。我们是否应该再从人存原理得到解释呢?难道所有这一切仅仅是因为好运气?看来,这只是无望的遁词,是对我们理解宇宙根本秩序的所有希

169

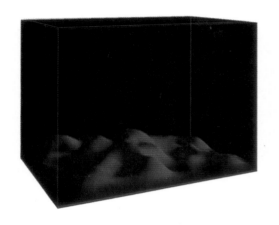
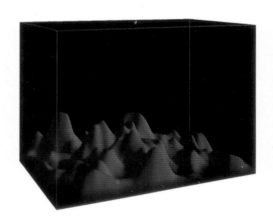

图 8.9 安德雷·林德提出的一种暴胀模型是,一个场的量子涨落的发生,引起宇宙的一部分区域像尖峰一样快速膨胀,而其他区域,譬如我们的区域,可用盆地来代表,不再暴胀。

望的否定。

为了预言宇宙应该如何起始,人们需要在时间开端处成立的定律。罗杰·彭罗斯和我证明的奇点定理指出,如果广义相对论的经典理论是正确的,则时间的开端是具有无限密度和无限时空曲率的一点,在这样的点上所有已知的科学定律都崩溃。人们可以设想存在在奇点处成立的新定律,但是在如此不守规矩之处,甚至连表述这样的定律都是非常困难的,而且从观察中我们没有得到关于这些定律应是什么样子的任何指示。然而,奇点定理真正揭示的是,引力场变得如此之强,使量子引力效应变得十分重要:经典理论已经不能很好地描述宇宙。这样,人们必须用量子引力论去讨论宇宙的极早期阶段。正如我们将会看到的,在量子力学中,通常的科学定律有可能在任何地方都有效,包括时间开端这一点在内:不必针对奇点提

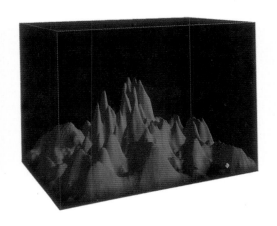

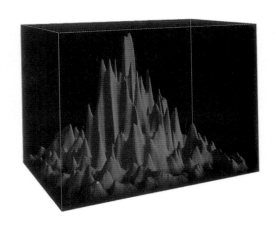

出新的定律,因为在量子理论中不必存在任何奇点。

我们仍然没有一套完备而协调的理论将量子力学和引力结合在一起。然而,我们相当清楚这样一套统一理论所应该具备的某些特征。其中一个就是它必须和费恩曼提出的按照对历史求和的量子力学表述相合并。在这种方法里,一个粒子不像在经典理论中那样,不仅只有一个单独的历史。相反,它被认为通过时空里的任何可能的路径,这些历史中的每一个都有一对相关的数,一个代表波的幅度,另一个代表它在循环中的位置(相位)。粒子通过某一特定点的概率是将通过此点的所有可能历史的波叠加求得。然而,当人们实际去进行这些求和时,就遭遇到了严重的技术问题。回避这个问题的仅有的独特方法是:你必须不是对发生在你我经验的"实的"时间内的,而是对发生在所谓"虚的"时间内的粒子历史的波进行求和。虚时间可能听起来像是科学幻想,但事实上,它是定义得很好的数学概念。如果你取任何平常的(或"实的")数和它自己相乘,结果是一个正数。(例如 2 乘 2 是 4,

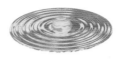

但-2乘-2也是这么多。)然而,存在一种特别的数(叫虚数),当它们自乘时得到负数(叫做i的数自乘时得-1,2i自乘得-4,等等)。

人们可以用下面的办法来图解实数和虚数(图8.10):实数可以用一根从左至右的线来代表,中间是零点,像-1,-2等负数在左边,而像1,2等正数在右边。而虚数由书页上一根上下的线来代表,i,2i等在中点以上,而-i,-2i等在中点以下。这样,在某种意义上,虚数和通常的实数夹一直角。

人们必须利用虚时间,以避免在进行费恩曼对历史求和的技术上的困难。也就是说,为了计算的目的,人们必须用虚数而不是用实数来测量时间。这对时空有一有趣的效应:时间和空间的区别完全消失。事件具有虚值时间坐标的时空称为欧几里得型的,它是采用建立了二维面几何的希腊人欧几里得的名字命名的。我们现在称之为欧几里得时空的东西,除了是四维而不是二维以外,其余的和它都非常相似。在欧几里得时空中,时间方向和在空间中的方向没有不同之处。另一方面,在

通常用实的时间坐标来标记事件的实的时空里,人们很容易区别这两种方向——位于光锥中的任何点是时间方向,位于光锥之外的为空间方向。无论如何,就日常的量子力学而言,我们利用虚的时间和欧几里得时空,可以认为仅仅是一个计算有关实时空的答案的数学手段(或技巧)。

我们相信,作为任何终极理论的一部分而不可或缺的第二个特征是爱因斯坦的思想,即引力场由弯曲的时空来代表:粒子在弯曲空间中试图沿着最接近于直线的某种路径走。但是因为时空不是平坦的,它们的路径看起来似乎被引力场折弯了。当我们利用费恩曼的历史求和方法去处理爱因斯坦的引力观点时,和粒子的历史相类似的东西则是代表整个宇宙历史的完整的弯曲时空。为了避免实际进行历史求和的技术困难,这些弯曲的时空必须采用欧几里得型的。也就是,时间是虚的并和空间的方向不可区分。为了计算找到具有一定性质的,例如在每一点和每一方向上看起来都一样的实时空的概率,人们把和所有具有这性质的历史相关联的波叠加起来即可。

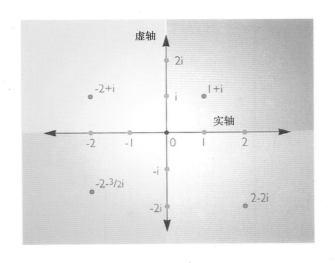

图8.10　实数用一条从左至右的水平线来代表。虚数用一条垂直线来代表。

在广义相对论的经典理论中，可能有许多不同的弯曲时空，每一个对应于宇宙不同的初始态。如果我们知道我们宇宙的初始态，我们就会知道它的整个历史。类似地，在量子引力论中，宇宙可能存在许多不同的量子态。同样地，如果我们知道在历史求和中的欧几里得弯曲时空在早先时刻的行为，我们就会知道宇宙的量子态。

在以实的时空为基础的经典引力论中，宇宙可能的行为只有两种方式：要么它已存在了无限长时间，要么它在有限的过去的某一时刻的奇点上有一个开端。而在量子引力论中，产生了第三种可能性。因为人们采用欧几里得时空，在这里时间方向和空间方向具有相同的地位，所以时空有可能在范围上是有限的，却没有形成边界或边缘的奇点。时空就像是地球的表面，只不过多了两维。地球的表面在范围上是有限的，但它没有边界或边缘：如果你朝着落日的方向驾船，你不会掉到边缘外面或陷入奇点中去。（因为我曾经环球旅行过，所以知道！）

如果欧几里得时空延伸到无限的虚时间，或者在一个虚时间奇点处开始，我们就会遇到和经典理论中指定宇宙初态同样的问题：即上帝可以知道宇宙如何开始，但是我们提不出任何特别原因，认为

See the Bokl-Shadow of Vrania's Glory,
Immortall in his Race, no lesse in Story.
An Artist without Error, from whose Lyne,
Both Earth and Heav'ns, in sweet Proportions twine:
Behold Great EUCLID! But, behold Him well!
For 'tis in Him Divinity doth dwell!

G. Wharton.

欧几里得，公元前295年。

它应以这种而不是那种方式开始。另一方面，量子引力论开辟了另一种新的可能性，在这里时空没有边界，所以没有必要指定边界上的行为。这里不存在在该处科学定律崩溃的奇点，也就是不存在在该处必须祈求上帝或某些新的定律给时空设定边界条件的时空边缘。人们可以说："宇宙的边界条件是它没有边界。"宇宙便是完全自足的，而不受任何外在于它的东西影响。它既不被创生，也不被消灭。它就是存在。

我正是在早先提到的那次梵蒂冈会议上首次提出，时间和空间可能会共同形成一个在尺度上有限却没有任何边界或边缘的面。然而我的论文数学气息太浓，所以文章中包含的上帝在创生宇宙的作用的含义在当时没被普遍意识到（对我也是如此）。在梵蒂冈会议期间，我不知道如何用"无边界"思想去预言宇宙。然而，次年夏天，我在加州大学的圣他巴巴拉分校度过。在那里，我的一位朋友兼合作者詹姆·哈特尔和我共同得出了如果时空没有边界时宇宙应满足的条件。回到剑桥后，我和我的两个研究生朱

174

丽安·拉却尔和约纳逊·哈里威尔继续从事这项工作。

我要着重说明，时空是有限而"无界"的思想仅仅是一个设想，它不能从其他原理导出。正如任何其他科学理论，它原先可由美学或形而上学的原因提出，但是它给出的预言是否与观测相一致是对它的真正检验。不过，在量子引力的情况下，由于以下两个原因这很难确定。首先，正如将要在第十一章解释的，虽然我们对能将广义相对论和量子力学合并在一起的理论应具有的方式，已经知道得相当多，但是还不能准确地知道哪种理论能成功地做到这一点。其次，任何详尽描述整个宇宙的模型在数学上都过于复杂，使我们不能通过计算作出准确的预言。所以，人们不得不做简化的假设和近似——并且甚至这样，要从中引出预言仍是令人生畏的课题。

对历史求和中的每一个历史不只描述时空，而且描述在其中的任何东西——包括像能观察宇宙历史的人类那样复杂的生物。这可对人存原理提供另一个支持，因为如果任何历史都是可能的，就可以用人存原理去解释为何我们发现宇宙是当前这样子。对我们并不存在其中的其他历史究竟应赋予什么意义还不清楚。然而，如果利用对历史求和可以显示，我们的宇宙不只是一个可能的，而且是最有可能的历史，则这个量子引力论的观点就会令人满意得多。为此，我们必须对所有可能的没有边界的欧几里得时空进行历史求和。

人们从"无边界"假定得知，宇宙遵循大多数历史的机会是可以忽略不计的，但是有一族特别的历史比其他的历史有多得多的机会。这些历史可以描绘得像地球的表面。在那里与北极的距离代表虚的时间，并且离北极等距离的圆周长代表宇宙的空间尺度。宇宙作为单独一点从北极起始。随着人们往南走，离开北极等距离的纬度圈变大，这和宇宙随虚时间的膨胀相对应（图8.11）。宇宙在赤道处会达到最大的尺度，并且随着虚时间的继续增加而收缩，最后在南极收缩成一点。尽管宇宙在南北二极的尺度为零，但是这些点不是奇点，它们并不比地球上的

图 8.11

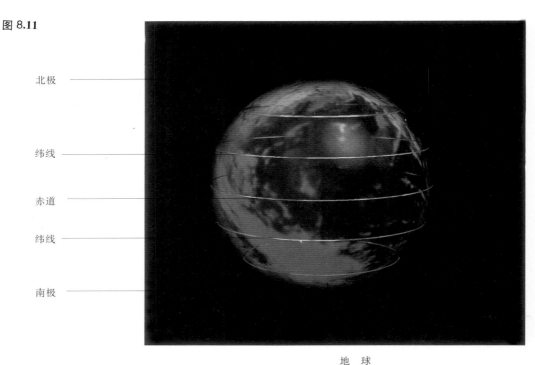

北极

纬线

赤道

纬线

南极

地 球

北南二极更奇异。科学定律在它们那里有效,正如同它们在地球上的南北二极有效一样。

　　然而,宇宙的历史在实的时间里显得非常不一样。大约在 100 亿年或 200 亿年

图 8.11　在"无边界"设想中,宇宙在虚时间中的历史正像地球的表面:它的尺度是有限的,但是没有边界。

以前,它有一个最小的尺度,它等于历史

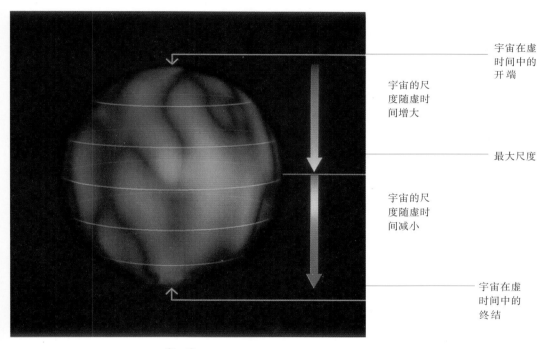

宇宙在虚时间中的开端

宇宙的尺度随虚时间增大

最大尺度

宇宙的尺度随虚时间减小

宇宙在虚时间中的终结

宇　宙

在虚时间里的最大半径。在后来的实时间里，宇宙就会像由林德设想的混沌暴胀模型那样地膨胀（但是现在人们不必假定宇宙以某种方式从一类合适的状态产生出来）。宇宙会膨胀到一个非常大的尺度（图 8.12），并最终重新坍缩成为在实时间里看起来像是奇点的一个东西。这样，在某种意义上说，即使我们躲开黑洞，仍然是注定要毁灭的。只有当我们按照虚时间来描绘宇宙时才不会有奇点。

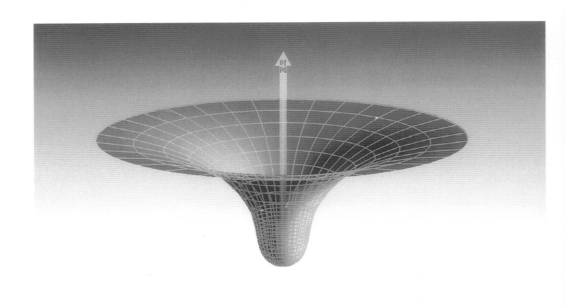

图8.12　宇宙在虚时间里如同从北极到赤道的地球表面那样膨胀,然而在实时间里以增加的暴胀率膨胀。

如果宇宙确实处在这样的一个量子态,宇宙在虚时间里就没有奇点。因此,我近期的工作似乎使我早期研究奇点的工作成果完全付诸东流。但是正如上面指出的,奇点定理的真正重要性在于,它们指出引力场必然会强到不能无视量子引力效应的程度。这接着导致也许在虚时间里宇宙的尺度有限但没有边界或奇点的观

念。然而，当人们回到我们生活其中的实时间时，那里仍会出现奇点。陷进黑洞的那位可怜的航天员的结局仍然是极可悲的；只有当他在虚时间里生活，才不会遭遇到奇点。

上述这些也许暗示所谓的虚时间才是真正的实时间，而我们叫做实时间的东西恰恰是子虚乌有的空想的产物。在实时间中，宇宙具有开端和终结的奇点，这奇点构成了科学定律在那里失效的时空边界。但是，在虚时间里不存在奇点或边界。所以，很可能我们称作虚时间的才真正是更基本的观念，而我们称作实时间的反而是我们臆造的，它仅仅有助于我们描述我们认为的宇宙模样，如此而已。但是，按照我在第一章描述的方法，科学理论只不过是我们用以描述自己观察的数学模型：它只存在于我们的头脑中。所以去问诸如这样的问题是毫无意义的："实的"或"虚的"时间，哪一种是实在的？这仅仅是哪一种描述更为有用的问题。

人们还可以利用对历史求和以及无边界设想去发现宇宙的哪些性质很可能

发生。例如，人们可以计算，当宇宙具有现在密度的某一时刻，在所有方向上以几乎同等速率膨胀的概率。在迄今已被考察的简化的模型中，发现这个概率是高的；也就是说，无边界设想导致一个预言，即宇宙现在在每一方向的膨胀率几乎相同是极其可能的。这与微波背景辐射的观测相一致，它指出在任何方向上具有几乎完全同样的强度。如果宇宙在某些方向比其他方向膨胀得更快，一个附加的红移就会减小那些方向辐射的强度。

人们正在研究无边界条件的进一步预言。一个特别有趣的问题是，早期宇宙中物质密度对其均匀密度的小幅度偏离。这些偏离首先引起星系，然后是恒星，最后是我们自身的形成。不确定性原理意味着，早期宇宙不可能是完全均匀的，因为粒子的位置和速度必定存在一些不确定性或起伏。利用无边界条件，我们发现，在事实上，宇宙必须恰好从由不确定性原理允许的最小可能的非均匀性开始。然后，正如在暴胀模型中预言的一样，宇宙经历了一段快速膨胀时期。在这个期间，初始

179

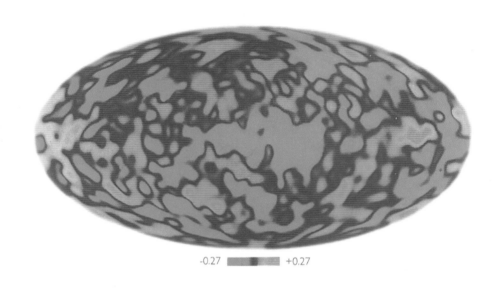

-0.27　　　　+0.27

上图:COBE 卫星观测到的微波背景中的微小温度变化图。热斑点对应于稍微
更密集的区域,这些区域后来发展成为星系团。

的非均匀性被放大到足以解释在我们周围观察到的结构的起源。1992 年宇宙背景探险者卫星(COBE)首次检测到微波背景随方向的非常微小的变化。这种非均匀性随方向的变化方式似乎和暴胀模型以及无边界设想的预言相符合。这样,在卡

尔·波普的意义上, 无边界设想是一种好的科学理论:它可以被观测证伪,但是它的预言却被证实了。在一个各处物质密度稍有变化的膨胀宇宙中,引力使得较紧密区域的膨胀减慢,并使之开始收缩。这就导致星系、恒星和最终甚至像我们自己这

样微不足道的生物的形成。这样,宇宙无边界条件和量子力学中的不确定性原理一道,可以解释我们在宇宙中看到的所有复杂的结构。

空间和时间可以形成一个没有边界的闭曲面的思想,对于上帝在宇宙事务中的作用还有一个深远的含义。随着科学理论在描述事件方面的成功,大部分人进而相信上帝允许宇宙按照一套定律来演化,而不介入其间使宇宙触犯这些定律。然而,定律并没有告诉我们,宇宙的太初应该像什么样子——它依然要靠上帝去卷紧发条,并选择如何去启动它。只要宇宙有一个开端,我们就可以设想存在一个造物主。但是,如果宇宙的的确确是完全自足的,没有边界或边缘,它就既没有开端也没有终结:它就是存在。那么,还会有造物主存身之处吗?

第九章

时间箭头

我们在前几章中看到了，长期以来人们关于时间性质的观点是如何变化的。直到本世纪初（即20世纪初——编者注），人们还相信绝对时间。也就是说，每一事件可由一个称为"时间"的数以唯一的方式来标记，所有好的钟在测量两个事件之间的时间间隔上都是一致的。然而，对于任何正在运动的观察者，不管他怎么运动，光速总是一样的这一发现，导致了相对论——而在相对论中，人们必须抛弃存在一个唯一的绝对时间的观念，相反，

每个观察者都有由他携带的钟记录的他自己的时间测量：不同观察者携带的钟不必要一致。这样，相对于进行测量的观察者而言，时间变成一个更个人的概念。

当人们试图统一引力和量子力学时，必须引入"虚"时间的概念。虚时间是不能和空间方向区分的。如果一个人能往北走，他就能转过头并朝南走；同样的，如果一个人能在虚时间里向前走，他应该能够转过来并往后走。这表明在虚时间里，往前和往后之间不可能有重要的差别。另一方面，当人们考察

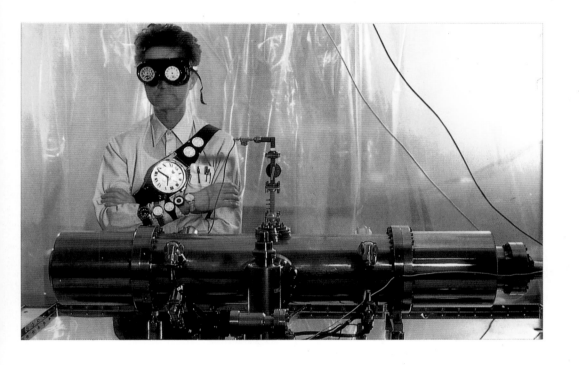

上图：美国铯钟的管理人。标准秒是基于两个磁铁之间的蒸发的铯 133 原子的振动的计数。

对面图：能足够精确计算经度的第一架经线仪，1735 年。

"实"时间时，正如众所周知的，在前进和后退方向存在着非常巨大的差别。过去和将来之间的这种差别从何而来？为何我们记住过去而不是将来？

科学定律并不区别过去和将来。更精确地讲，正如前面解释的，科学定律在称作 C、P 和 T 的联合作用（或对称）下不变。（C 是指用反粒子替代粒子。P 的意思是取镜像，这样左和右就相互交换了。而 T 是指颠倒所有粒子的运动方向：事实上，是使运动倒退回去。）在所有正常情形下，制约物体行为的科学定律在 CP 联合对称下独自不变。换言之,对于其他行星上的居民,若他们是我们的镜像并且由反物质而不是物质构成,则生活会刚好和我们一样。

　　如果科学定律在 CP 联合作用以及 CPT 联合作用下都不变,它们也必须在单独的 T 作用下不变。然而,在日常生活的实时间中,前进和后退的方向之间还是有一个大的差异。想象一杯水从桌子上滑落下,在地板上被打碎(图 9.1)。如果你将其录像,你可以容易地辨别出它是向前进还是向后退。如果将其倒放回来,你会看到碎片忽然集中到一起离开地板,并跳回到桌子上形成一个完整的杯子。你可断定录像是在倒放,因为在日常生活中从未见过这种行为。如果发生这样的事,陶瓷业将无生意可做。

　　为何我们从未看到破碎的杯子集合起来,离开地面并跳回到桌子上,通常的解释是这违背了热力学第二定律。它可表述为,在任何闭合系统中无序度或熵总是随时间而增加。换言之,它是穆菲定律的一种形式:事情总是越变越糟!桌面上一个完整的杯子是一个高度有序的状态,而地板上破碎的杯子是一个无序的状态。人们很容易从早先桌子上的杯子变成后来地面上的碎杯子,而不是相反。

　　无序度或熵随着时间增加是所谓的时间箭头的一个例子。时间箭头将过去和将来区别开来,使时间有了方向。至少有三种不同的时间箭头:首先是热力学时间箭头,即是在这个时间方向上无序度或熵增加;然后是心理学时间箭头,这就是我

们感觉时间流逝的方向，在这个方向上我们可以记忆过去而不是未来；最后，是宇宙学时间箭头，宇宙在这个方向上膨胀，而不是收缩（见图9.3）。

我将在这一章论断，宇宙的无边界条件和弱人存原理一起能解释为何所有的三个箭头指向同一方向——此外，为何必须存在一个定义得很好的时间箭头。我将

论证热力学箭头确定心理学箭头，并且这两种箭头必须总是指向相同的方向。如果

图9.1　看一个杯子在地面上破碎的录像，我们很容易知道该录像是朝前放还是往后退。然而，科学定律对时间是向前进还是向后退都是相同的。

图9.2 康乐球是一个闭合的系统。一开始球处于一种高度有序的状态。但是，一旦游戏开始，球就变得无序。人们要想打一棍而使所有球回到它们开始的位置是极不可能的。

人们假定宇宙的无边界条件，我们将看到必然存在定义得很好的热力学和宇宙学时间箭头。但对于宇宙的整个历史来说，它们并不总是指向同一方向。然而，我将论断，只有当它们指向一致时，对于能够发问为何无序度在宇宙膨胀的时间方向上增加的智慧生命的发展，才有合适的条件。

首先，我要讨论热力学时间箭头。总存在着比有序状态多得多的无序状态的这一事实，导致热力学第二定律。譬如，考虑一盒拼板玩具，存在一个并且只有一个使这些小纸片拼成一幅完整图画的排列。另一方面，存在巨大数量的排列，这时小纸片是无序的，不能拼成一幅画。

假设一个系统从这少数的有序状态之一出发。随着时间流逝，这个系统将按照科学定律演化，而且它的状态将改变。到后来，因为存在着更多的无序状态，它处于无序状态的可能性比处于有序状态更大。这样，如果一个系统服从一个高度有序的初始条件，它的无序度就会随着时

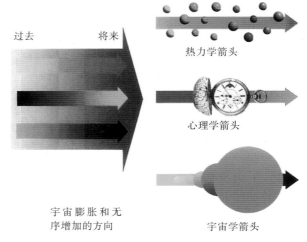

图 9.3 至少存在 3 种时间箭头：无序度增加的方向，我们感觉时间流逝的方向，以及宇宙尺度增大的方向。

间的增加而增大。

假定拼板玩具盒的纸片从排成一幅图画的有序组合开始，如果你摇动这盒子，这些纸片将会采用其他组合，这很可能是一个不形成一幅合适图画的无序的组合，就是因为存在多得多的无序的组合。有一些纸片团仍可能形成部分图画，但是你越摇动盒子，这些团就越可能被分开，这些纸片将处于完全混乱的状态，

在这种状态下它们不能形成任何种类的图画。这样,如果纸片从一个高度有序的状态的初始条件出发,纸片的无序度将可能随时间而增加。

然而,假定上帝决定不管宇宙从何状态开始,它都必须结束于一个高度有序的状态,则在早期这宇宙很可能处于无序的状态。这意味着无序度将随时间而减小。你将会看到破碎的杯子集合起来并跳回到桌子上。然而,任何观察杯子的人都生活在无序度随时间减小的宇宙中,我将论断这样的人会有一个倒溯的心理学时间箭头。这就是说,他们会记住将来的事件,而不是过去的事件。当杯子被打碎时,他们会记住它在桌子上的情形;但是当它在桌子上时,他们不会记住它在地面上的情景。

由于我们不知道大脑工作的细节,所以谈论人类的记忆是相当困难的。然而,我们确实完全知道计算机的记忆器是如何工作的。因此,我将讨论计算机

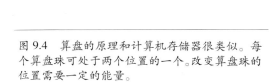

图9.4　算盘的原理和计算机存储器很类似。每个算盘珠可处于两个位置的一个。改变算盘珠的位置需要一定的能量。

的心理学时间箭头。我认为,可以合理假定计算机和人类有相同的箭头。如果不是这样,人们可能因为拥有一台记住明天价格的计算机而在股票交易中大发利市!

大体来说,计算机的记忆器是一个包含可处于两种状态中的任一种的元件的设备,算盘是一个简单的例子。其最简

单的形式是由许多铁条组成；每一根铁条上有一念珠，此念珠可呆在两个位置中的一个。在计算机记忆器进行存储之前，其记忆器处于无序态，念珠等几率地处于两个可能的状态中。（算盘珠杂乱无章地散布在算盘的铁条上。）在记忆器和要记忆的系统相互作用后，根据系统的状态，它肯定处于这种或那种状态（每个算盘珠将要么位于铁条的左边，要么处于右边）。这样，记忆器就从无序态转变成有序态。然而，为了保证记忆器处于正确的状态，需要使用一定的能量（例如，移动算盘珠或给计算机接通电源）。这能量以热的形式耗散了，从而增加了宇宙的无序度的量。人们可以证明，这个无序度增量总比记忆器本身有序度的增量大。这样，由计算机冷却风扇排出的热量表明计算机将一个项目记录在它的记忆器中时，宇宙的无序度的总量仍然增加。计算机记忆过去的时间方向和无序度增加的方向是一致的。

因此，我们对时间方向的主观感觉或心理学时间箭头，是在我们头脑中由热力学时间箭头决定的。正像一台计算机，我们必须在熵增加的顺序上将事物记住。这几乎使热力学定律变成为无聊的东西。无序度随时间的增加乃是因为我们是在无序度增加的方向上测量时间。你不可能有比这个更具胜算的打赌了！

但是究竟热力学时间箭头为何必须存在呢？或换句话说，在我们称之为过去的时间的一端，宇宙为何处于高度有序的状态呢？它为何不在所有时间里处于完全无序的状态呢？毕竟这似乎更为可能。还有，为何无序度增加的时间方向和宇宙膨胀的方向相同？

在经典广义相对论中，因为所有已知的科学定律在大爆炸奇点处崩溃，人们不能预言宇宙是如何开始的。宇宙可以从一个非常光滑和有序的状态开始。这就会导致正如我们观察到的，定义很好的热力学和宇宙学的时间箭头。但是，它也可以同样合理地从一个非常波浪起伏的无序状态开始。在那种情况下，宇宙已经处于一种完全无序的状态，所以无序度不会随时间增加。它要么保持常数，这时就没有定义得很好的热力学时间箭头；它要么会减小，这时热力学时间箭头就会和宇宙学时

间箭头反向。这些可能性的任一种都不符合我们观察到的情况。然而,正如我们看到的,经典广义相对论预言了它自身的崩溃。当时空曲率变大时,量子引力效应变得重要,而经典理论不再能很好地描述宇宙。人们必须用量子引力论去理解宇宙是如何开始的。

正如我们在上一章看到的,在量子引力论中,为了指定宇宙的态,人们仍然必须说清宇宙的可能历史在过去的时空边界是如何行为的。只有当这些历史满足无边界条件,人们才可能避免这个不得不描述我们不知道和无法知道的东西的困难:它们在尺度上有限,但是没有边界、边缘或奇点。在这种情形下,时间的开端就会是规则的光滑的时空的点,并且宇宙在一个非常光滑和有序的状态下开始它的膨胀。它不可能是完全均匀的,否则就违反了量子理论的不确定性原理。必然存在粒子密度和速度的微小起伏,然而无边界条件意味着,这些起伏又是在与不确定性原理相一致的条件下尽可能的小。

宇宙刚开始时有一个指数膨胀或"暴胀"时期,在这期间它的尺度增加了一个非常大的倍数。在这个膨胀过程时,密度起伏起初一直很小,但是后来开始变大。在密度比平均值稍大的区域,额外质量的引力吸引使膨胀速度放慢。最终,这样的区域停止膨胀,并坍缩形成星系、恒星以及像我们这样的生命。宇宙开始时处于一个光滑有序的状态,而随时间演化成波浪起伏的无序的状态。这就解释了热力学时间箭头的存在。

如果宇宙停止膨胀,并且开始收缩,将会发生什么呢?热力学箭头会不会倒转过来,而无序度开始随时间减少呢?这为从膨胀相存活到收缩相的人们留下了五花八门的类科学幻想的可能性。他们是否会看到杯子的碎片集合起来,离开地板,并跳回到桌子上去呢?他们会不会记住明天的价格,并在股票市场上发财致富?由于宇宙至少要再等100亿年之后才开始收缩,忧虑那时会发生什么似乎有点学究气。但是有一种更快的办法去查明将来会发生什么:跳到黑洞里面去。恒星坍缩形

对面图:时间之沙只往一个方向流动,当宇宙的更漏倒置时,这个方向会改变吗?

成黑洞的过程和整个宇宙坍缩的后期相当类似。这样，如果在宇宙的收缩相无序度减小，可以预料它在黑洞里面也会减小。所以，一个落到黑洞里去的航天员在下赌注之前，也许能依靠记住轮赌盘上球儿的走向而赢钱。（然而，不幸的是，玩不了多久，他就会变成意大利面条。他也不能使我们知道热力学箭头的颠倒，或者甚至将他赢的钱存入银行，因为他被困在黑洞的事件视界后面。）

　　起初，我相信在宇宙坍缩时无序度会减小。这是因为，我认为宇宙再次变小时，它必须回到光滑和有序的状态。这表明，收缩相就像是膨胀相的时间反演。处在收缩相的人们将以倒退的方式生活：他们在出生之前即已死去，并且随着宇宙收缩变得更年轻。

　　这个观念是吸引人的，因为它表明在膨胀相和收缩相之间存在一个漂亮的对称。然而，人们不能不顾及有关宇宙的其他观念，而只采用这个观念。问题在于：无边界条件是否隐含着这个对称，或者它是否与这个条件不相协调？正如我说过的，我起先以为无边界条件确实意味着无序度会在收缩相中减小。我之所以被误导，部分是由于与地球表面的类比引起的。如果人们将宇宙的开初对应于北极，那么宇宙的终结就应该类似于它的开端，正如南极之与北极相似。然而，南北二极对应于虚时间中的宇宙的开端和终结。在实时间

时 间

如果在收缩的宇宙中热力学时间箭头被颠倒，那么毁坏的大楼会从废墟中立起，而且人们在衰老中诞生，在年轻时"死亡"。

里的开端和终结之间可有非常大的差异。我还被我作过的一项简单的宇宙模型的研究误导，在此模型中坍缩相似乎是膨胀相的时间反演。然而，我的一位合作者，宾夕法尼亚州立大学的唐·佩奇指出，无边界条件没有要求收缩相必然是膨胀相的时间反演。我的一个学生雷蒙·拉夫勒蒙进一步发现，在一个稍复杂的模型中，宇宙的坍缩和膨胀非常不同。我意识到自己犯了一个错误：无边界条件意味着，事实上在收缩相时无序度继续增加。当宇宙开始收缩时或在黑洞中，热力学和心理学时间箭头不会反向。

当你发现自己犯了像这样的错误后该如何办？有些人从不承认他们是错误的，而继续去找新的往往相互不协调的论据为自己辩解——如爱丁顿在反对黑洞理论时之所为。另外一些人首先宣称，从来没有真正支持过不正确的观点，如果他们支持了，也只是为了显示它是不协调的。在我看来，如果你在出版物中承认自己错了，那会好得多并少造成混乱。爱因斯坦即是一个好的榜样，他在试图建立一个静态的宇宙模型时引入了宇宙常数，他称此为一生中最大的错误。

回头再说时间箭头，余下的问题是：为何我们观察到热力学和宇宙学箭头指向同一方向？或者换言之，为何无序度增加的时间方向正是宇宙膨胀的时间方向？如果人们相信，按照无边界设想似乎隐含的那样，宇宙先膨胀然后重新收缩，那么为何我们应在膨胀相中而不是在收缩相中，这就成为一个问题。

人们可以在弱人存原理的基础上回答这个问题。收缩相的条件不适合智慧人类的存在，而正是他们能够提出这个问题：为何无序度增加的时间方向和宇宙膨胀的时间方向相同？无边界设想预言的宇宙在早期阶段的暴胀意味着，宇宙必须以非常接近为恰好避免坍缩所需要的临界速率膨胀，这样它在很长的时间内才不至于坍缩。到那时候所有的恒星都会烧尽，而在其中的质子和中子可能会衰变成轻粒子和辐射。宇宙将处于几乎完全无序的状态，这时就不会有强的热力学时间箭头。由于宇宙已经处于几乎完全无序的状态，无序度不会增加很多。然而，对于智慧生命的行动来说，一个强的热力学箭头是

必需的。为了生存下去，人类必须消耗能量的一种有序形式——食物，并将其转化成能量的一种无序形式——热量，这样智慧生命不能在宇宙的收缩相中存在。这就解释了为何我们观察到热力学和宇宙学的时间箭头指向一致。并不是宇宙的膨胀导致无序度的增加，而是无边界条件引起无序度的增加，并且只有在膨胀相中才有适合智慧生命的条件。

总之，科学定律并不能区分前进和后退的时间方向。然而，至少存在三个时间箭头，将过去和将来区分开来。它们是热力学箭头，这就是无序度增加的时间方向；心理学箭头，即是在这个时间方向上，我们能记住过去而不是将来；还有宇宙学箭头，也即宇宙膨胀而不是收缩的方向。我指出了心理学箭头本质上应和热力学箭头相同。宇宙的无边界设想预言了存在定义得很好的热力学时间箭头，因为宇宙必须从光滑的有序的状态开始。并且我们看到，热力学箭头和宇宙学箭头的一致，乃是由于智慧生命只能在膨胀相中存在。因为在收缩相那里没有强的热力学时间箭头，所以不适合智慧生命的存在。

图 9.5

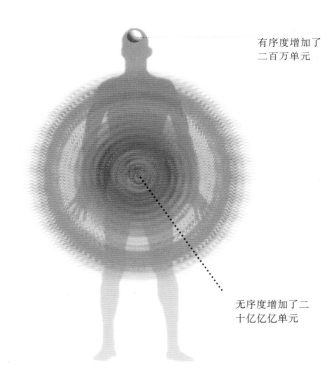

有序度增加了二百万单元

无序度增加了二十亿亿亿单元

图 9.5　阅读本书使你头脑中的有序信息量增加了。然而，同时由你身体释放出来的热对于增加宇宙的其余部分的无序度将有大得多的效应。我建议你现在停止阅读。

人类理解宇宙的进步，在一个无序度增加的宇宙中建立了一个很小的有序的角落。如果你记住了这本书中的每一个词，你的记忆就记录了大约 200 万单位的信息——你头脑中的有序度就增加了大约 200 万单位。然而，当你读这本书时，你至少将以食物为形式的 1 千卡路里（1 热化学卡=4.184J）的有序能量，以对流和出汗释放到你周围空气中的热量的形式，换成为无序能量（图 9.5）。这就将宇宙的无序度增大了大约 20 亿亿亿单位，或大约是你头脑中有序度增量——那是如果你记住这本书的每一件事的话——的 1000 亿亿倍。我试图在下面各章再增加一些我们头脑的有序度，解释人们如何将我描述过的部分理论结合一起，形成一个完备的统一理论，这个理论将适用于宇宙中的任何东西。

第十章

虫洞和时间旅行

我们在上一章讨论了，为什么我们看到时间向前进，为什么无序度增加，并且我们记住过去而非将来。时间好像是一条笔直的铁轨，人们只能往一个方向前进。

如果该铁轨有环圈以及分岔，使得一直往前开动的火车却返回原先通过的车站，这是怎么回事呢（图10.1)？人们能否旅行到未来或过去吗？

H·G·韦尔斯在《时间机器》中，正好像其他无数的科学幻想作家那样，探讨了这些可能性。科学幻想的许多观念，诸如潜水艇以及飞往月亮等都已变成了科学的事实。那么，时间旅行的前景如何呢？

1949年库尔特·哥德尔发现了广义相对论允许的新的时空。这首次表明物理学定律的确允许人们在时间里旅行。哥德尔是一名数学家，他由于证明了不完备性定理而名震天下。该定理是说，不可能证明所有真的陈述，即使你只试图证明像算术这么明确而且枯燥的学科中所有真的陈述。这个定理也许是我

上图：英国作家 H·G·韦尔斯的《时间机器》是探讨时间旅行思想的第一本科学幻想著作。

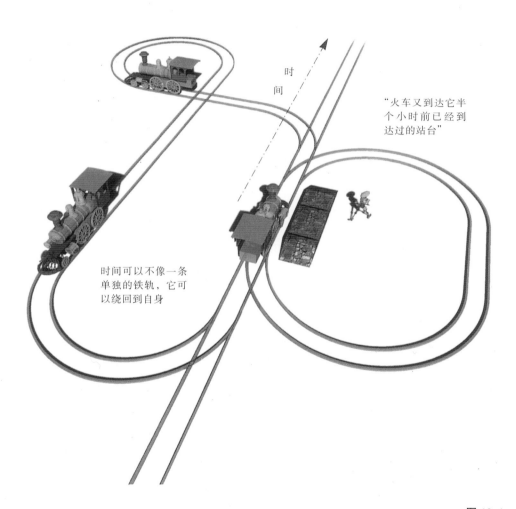

时间

"火车又到达它半
个小时前已经到
达过的站台"

时间可以不像一条
单独的铁轨，它可
以绕回到自身

图 10.1

197

们理解和预言宇宙能力的基本极限,然而至少迄今,它似乎还未成为我们寻求完备统一理论的障碍。

哥德尔在和爱因斯坦于普林斯顿高级学术研究所度过他们晚年时通晓了广义相对论。他的时空具有一个古怪的性质:整个宇宙都在旋转。人们也许会问:"它相对于何物旋转?"其答案是远处的物体围绕着小陀螺或者陀螺仪的指向旋转。

这导致一个附加的效应,一位航天员可能在他乘火箭飞船出发之前即已回到地球。这个性质使爱因斯坦非常沮丧,他曾经以为广义相对论不允许时间旅行。然而,鉴于爱因斯坦对引力坍缩和不确定性原理的无端反对,这也许反而是一个令人鼓舞的迹象。因为我们可以证明,我们生存其中的宇宙是不旋转的,所以哥德尔找到的解并不对应于它。它还有一个非零的宇宙常数。宇宙常数是当爱因斯坦以为宇宙是不变时引进的。在哈勃发现了宇宙的膨胀后,就不再需要宇宙常数,而现在普遍认为它应为零。然而,之后从广义相对论又找到其他一些更合理的时空,它们允许旅行到过去。其中之一即是旋转黑洞的内部。另外一种是包含两根快速相互穿越的宇宙弦的时空。顾名思义,宇宙弦是弦状的物体,它具有长度,但是截面很微小。实际上,它们更像在巨大张力下的橡皮筋,其张力大约为1亿亿亿吨。把一根宇宙弦系到地球上,就会把地球在三十分之一秒的时间里从每小时零英里加速到每小时60英里。宇宙弦初听起来像是科学幻想物,但有理由相信,在早期宇宙中由在第五章讨论过的那种对称破缺机制可以形成宇宙弦。因为宇宙弦具有巨大的张力,而且可以从任何形态起始,所以它们一旦伸展开来,就会加速到非常高的速度。

哥德尔解和宇宙弦时空一开始就这么扭曲,使得总能旅行到过去。上帝也许会创生了一个如此卷曲的宇宙,但是我们没有理由相信他会这样做。微波背景和轻元素丰度的观测表明,早期宇宙并没有允许时间旅行的曲率。如果无边界设想是正确的,从理论的基础上也能导出这个结论。这样问题就变成:如果宇宙初始就没有时间旅行必需的曲率,我们能否随后把时空的局部区域卷曲到这种程度,直至允许时间旅行?

快速恒星际或星系际旅行是一个密切相关的,也是科学幻想作家关心的问题。根据相对论,没有东西比光运动得更快。因此,如果我们向我们最近邻的恒星——半人马座α——发送航天飞船，由于它大约在4光年那么远，所以我们预料至少要8年才能等到旅行者们回来报告他们的发现。如果要去银河系中心探险，至少要10万年才能返回。相对论确实给了我们一些宽慰。这就是在第二章提及的双生子佯谬。

因为时间不存在唯一的标准，而每一位观察者都拥有他自己的时间。这种时间

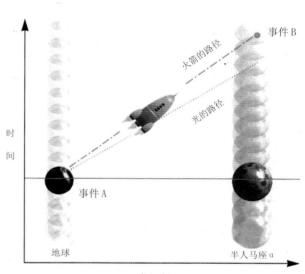

图 10.2　如果一个火箭能以低于光速的速度从地球上的事件 A 旅行到半人马座α上的事件 B，则所有观察者都同意事件 A 先于事件 B 发生。

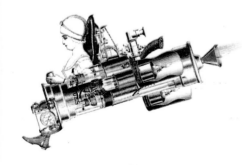

是用他携带的时钟来测量的，这样航程对于空间旅行者比对于留在地球上的人显得更短暂是可能的。但是，这对于那些只老了几岁的返回的空间旅行者，并没有什么值得高兴的，因为他发现留在地球上的亲友们已经死去几千年了。这样，科学幻

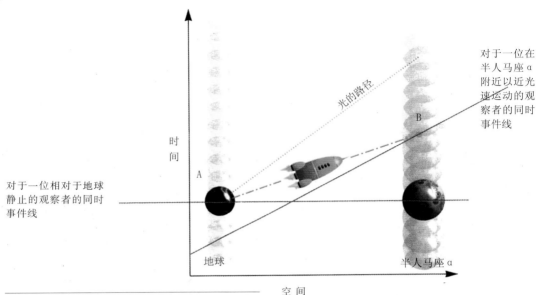

时间

对于一位相对于地球
静止的观察者的同时
事件线

光的路径

对于一位在
半人马座 α
附近以近光
速运动的观
察者的同时
事件线

A

B

地球

半人马座 α

空间

上图10.3　如果一个火箭从 A 到 B 不可能以低于光速运动，以不同速度运动的观察者对于哪个事件先发生有不同意见。

对面图10.4　虫洞可为几乎平坦的时空的两个遥远区域之间的跨跃提供捷径。

想作家为了使人们对他们的故事有兴趣，必须设想有朝一日我们能运动得比光还快。这些作家中的大部分并未意识到的是，如果你能运动得比光还快，相对论意味着，你就能向时间的过去运动，正如以下五行打油诗描写的那样：

有位年轻小姐名怀特，
她能行走得比光还快。

她以相对性的方式，
在当天刚刚出发，
却已在前晚到达。

关键在于相对论认为不存在让所有观察者同意的唯一的时间测量。相反，每位观察者各有自己的时间测量。如果一枚火箭能以低于光的速度从事件A（譬如2012年奥林匹克竞赛的100米决赛）至事件B（譬如半人马座α议会第100004届会议的开幕式），那么根据所有观察者的时间，他们都同意事件A发生于事件B之先（图10.2）。然而，假定飞船必须以超过光的速度旅行才能把竞赛的消息送到议会。

那么,以不同速度运动的观察者关于事件A和事件B何为前何为后就众说纷纭。按照一位相对于地球静止的观察者的时间,议会开幕也许是在竞赛之后。这样,这位观察者会认为,如果他不理光速限制的话,该飞船能及时地从A赶到B。然而,在半人马座α上以接近光速在离开地球方向飞行的观察者就会觉得事件B即议会开幕,先于事件A即百米决赛发生(图10.3)。相对论告诉我们,对于以不同速度运动的观察者,物理定律是完全相同的。

这已被实验很好地检验过。人们认为,即使用更高级的理论去取代相对论,它仍然会被作为一个特性保留下来。这样,如果超光速旅行是可能的,运动的观察者会说,就有可能从事件B即议会开幕式,赶到事件A即百米竞赛。如果他运动得更快一些,他甚至还来得及在赛事之前赶回,并在得知谁是赢家的情形下放下赌金。

要打破光速壁垒存在一些问题。相对论告诉我们,飞船的速度越接近光速,用

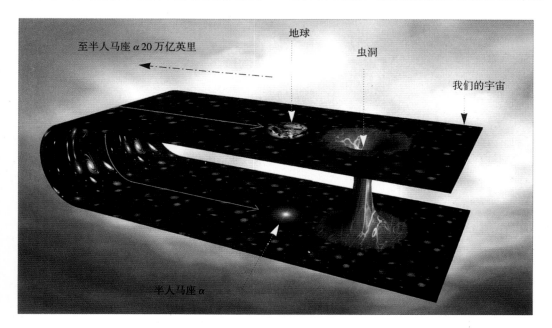

至半人马座α20万亿英里

地球

虫洞

我们的宇宙

半人马座α

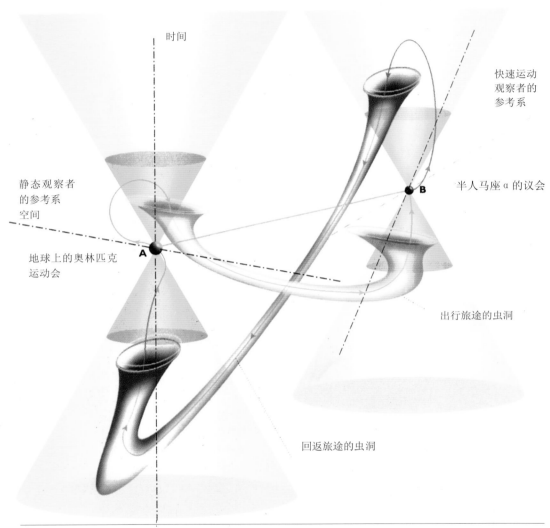

时间

快速运动
观察者的
参考系

静态观察者
的参考系
空间

半人马座 α 的议会

地球上的奥林匹克
运动会

A

B

出行旅途的虫洞

回返旅途的虫洞

图10.5　一位空间旅行者可以利用相对于地球静止的虫洞作为从事件 A 到 B 的捷径，然后通过一个运动的虫洞返回，并且在他出发之前回到地球。

以对它加速的火箭功率就必须越来越大。对此我们已有实验的证据，但不是航天飞船的经验，而是在诸如费米实验室或者欧洲核子研究中心的粒子加速器中的基本粒子的经验。我们可以把粒子加速到光速的99.99％，但是不管我们注入多少功率，也不可能把它们加速到超过光速壁垒。航天飞船的情形也是类似的：不管火箭有多大功率，也不可能加速到光速以上。

这样看来，快速空间旅行和逆时旅行似乎都不可行了。然而，还可能有办法。人们也许可以把时空卷曲起来，使得A和B之间有一近路。在A和B之间创生一个虫洞就是一个法子。顾名思义，虫洞就是一个时空细管，它能把两个相隔遥远的几乎平坦的区域连接起来（图10.4）。

虫洞两个端点之间在几乎平坦的背景里的分离和通过虫洞本身的距离之间没必要有什么关系。这样，人们可以想象，他可以创造或者找到一个从太阳系附近通到半人马座α的虫洞。虽然在通常的空间中地球和半人马座α相隔20万亿英里，而通过虫洞的距离却只有几百万英里。这就允许百米决赛的消息赶在议

图10.7 通常物质赋予时空以正的曲率，正如一个球面。为了允许旅行到过去，时空必须具有负的曲率，正如一个马鞍面。

会开幕式前到达。然后一位往地球飞去的观察者也应该能找到另一个虫洞，使他从半人马座α议会开幕在赛事之前回到地球（图10.5）。这样，虫洞正和其他可能的超光速旅行方式一样，允许人们逆时旅行。

爱因斯坦–罗森桥是一个把两个
遥远区域连接起来的虫洞。

在航天飞船穿过虫洞之前它缩小
断裂,形成两个分离的奇点。

时空不同区域之间的虫洞的思想并非科学幻想作家的发明,它的起源是非常令人尊敬的。

1935年爱因斯坦和纳珍·罗森写了一篇论文。在该论文中他们指出广义相对论允许他们称为"桥",而现在称为虫洞的东西。爱因斯坦·罗森桥不能维持得足够久,使得航天飞船来得及穿越:虫洞会缩紧,

图10.6　爱因斯坦–罗森桥是能连接遥远地区的虫洞,但它们不能保持畅通足够久,以使任何东西通过。

而飞船会撞到奇点上去(图10.7)。然而,有人提出,一个先进的文明可能使虫洞维持开放。可以这样做,或者把时空以其他方式卷曲,使它允许时间旅行,人们可以

204

证明，这需要一个负曲率的时空区域，如同一个马鞍面(图10.6)。通常的物质具有正能量密度，赋予时空以正曲率，如同一个球面。这样，为了使时空卷曲成允许逆时旅行的样子，人们需要负能量密度的物质。

　　能量有点像金钱：如果你有正的余额，就可以用不同方法分配，但是根据本世纪初(即20世纪初——编者注)相信的经典定律，你不允许透支。这样，这些经典定律排除了时间旅行的任何可能性。然而，正如在前面几章描述的，以不确定性原理为基础的量子定律已经超越了经典定律。量子定律更慷慨些，只要你总的余额是正的，你就允许从一个或两个账号透支。换言之，量子理论允许在一些地方的能量密度为负，只要它可由在其他地方的正的能量密度所补偿，使得总能量保持为正的。量子理论允许负能量密度的一个例子是所谓的卡西米尔效应(图10.8)。正如我们在第七章看到的，甚至我们认为是"空虚的"空间也充满了虚的粒子和反粒子对，它们一起出现相互分离，再返回一起，并且相互湮灭。现在，假定人们有两片距离很近的平行金属板。金属板对于虚光子或光的粒子起着类似镜子的作用。事实上，在它们之间形成了一个空腔，它有点

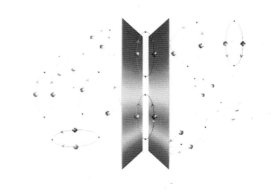

图10.8　空的空间"充满"了虚粒子和虚反粒子。对于这些粒子一对金属板作用犹如镜子，在它们之间只允许具有一定共振波长的虚对。这就是所谓的卡西米尔效应。

像风琴管，只对指定的音阶共鸣。这意味着，只有当平板间的距离是虚光子波长(相邻波峰之间的距离)的整数倍时，这些虚光子才会发生在平板之中的空间。如果空腔的宽度是波长的整数倍再加上部分波长，那么在前后反射多次后，一个波的波峰就会和另一个的波谷重合，这样波动就被抵消了。

　　因为平板之间的虚光子只能具有共振的波长，所以虚光子的数目比在平板之外的区域要略少些，在平板之外的虚光子可以具有任意波长。这样，撞击在平板内

表面的虚光子比外表面的略少一些。因此，人们可以预料到这两片平板遭受到把它们往里挤的力。实际上已经测量到这种力，并且和预言的值相符。这样，我们得到了虚粒子存在并具有实在效应的实验证据。

在平板之间存在更少虚光子的事实意味着，它们的能量密度比它处更小。但是在远离平板的"空虚的"空间的总能量密度必须为零，因为否则的话，能量密度会把空间卷曲起来，而不能保持几乎平坦。这样，如果平板间的能量密度比远处的能量密度更小，它就必须为负的。

这样，我们对以下两种现象都获得了实验的证据。第一，从日食时的光线偏折得知时空可以被卷曲。第二，从卡西米尔效应得知时空可被弯曲成允许时间旅行的样子。所以，人们也许希望，随着科学技术的推进，我们最终能够造出时间机器。但是，如果这样的话，为什么从来没有一个来自未来的人回来告诉我们如何实现呢？鉴于我们现在处于初级发展阶段，也许有充分理由认为，让我们分享时间旅行的秘密是不智的。除非人性得到彻底改变，非常

难以相信，某位从未来飘然而至的访客会贸然泄漏天机。当然，有些人会宣称，观察到幽浮（UFO）就是外星人或者来自未来的人们来访的证据。（如果外星人在合理的时间内到达此地，他们则需要超光速旅行，这样两种可能性其实是等同的。）

然而，我认为，任何外星来的或者来自未来的人的造访应该是更明显得多，或许更加令人不悦得多。如果他们全然有意显灵的话，为何只对那些被认为不太可靠的证人进行？如果他们试图警告我们大难临头，这样做也不是非常有效的。

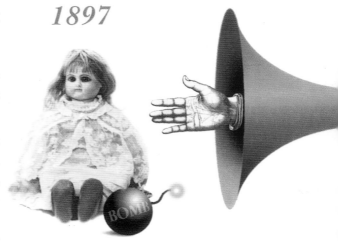

1897

未曾有过对来自未来的访客,这可以用以下方法解释,因为我们观察了过去,并且发现它并没有允许从未来旅行返回必需的那类卷曲,所以过去是固定的。另一方面,未来是未知的开放的,所以也可能有需要的曲率。这意味着,任何时间旅行都被限制于未来。此时此刻,柯克船长和探险号星际飞船没有机会来临。

这也许可以解释,当今世界为何还没被来自未来的游客充斥。但是如果可能回到以前并改变历史,则不能够回避引起的问题。例如,假定你回到过去并且将你的

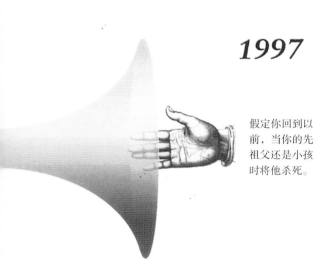

1997

假定你回到以前,当你的先祖父还是小孩时将他杀死。

曾曾祖父在他仍为孩童时杀死。这类佯谬有许多版本,但是它们根本上是等效的:如果一个人可以自由地改变过去,则他就会遇到矛盾。

看来有两种方法解决由时间旅行导致的佯谬。我把一种称为协调历史方法。它是讲,甚至当时空被卷曲得可能旅行到过去时,在时空中发生的必须是物理定律的协调的解。根据这个观点,除非历史表明,你曾经到达过去,并且当时并没有杀死你的曾曾祖父或者没有干过任何事和你的现状相冲突,你才能在时间中回到过去。此外,当你回到过去,你不能改变记载的历史。那表明你并没有自由意志为所欲为。当然,人们可以说,自由意志反正是虚幻的。如果确实存在一套制约万物的完整的统一理论,它也应该决定你的行动。但是对于像人这么复杂的机体,其制约和决定方式是不可能计算出来的。我们之所以说人们具有意志,乃在于我们不能预言他或她的未来行动。然而,如果一个人乘火箭飞船出发并在这之前已经回返,我们就将能预言其未来行为,因为那将是记载的

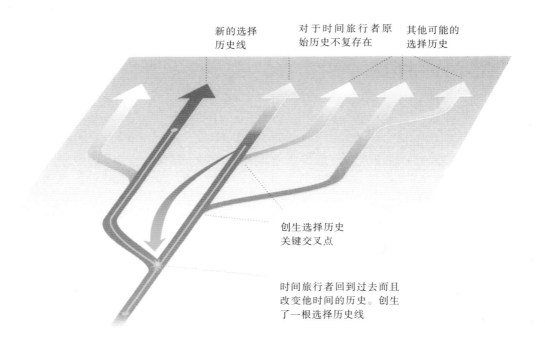

新的选择
历史线

对于时间旅行者原
始历史不复存在

其他可能的
选择历史

创生选择历史
关键交叉点

时间旅行者回到过去而且
改变他时间的历史。创生
了一根选择历史线

图10.9 解决时间旅行佯谬的一种方法是假定存在选择历史整个系列,它们在某些关键事件处相互分叉。

历史的一部分。这样,在这种情形下,时间旅行者没有自由意志。

解决时间旅行的其他可能的方法可称为选择历史假说。其思想是,当时间旅行者回到过去,他就进入和记载的历史不同的另外历史中去(图10.9)。这样,他们可以自由地行动,不受和原先的历史相一致的约束。史蒂芬·斯匹柏十分喜爱影片《回归未来》中的创意:玛提·马克弗莱能够回到过去,而且把他双亲恋爱的历史改得更令人满意。

听起来,选择历史假说和理查德·费恩曼把量子理论表达成历史求和的方法相类似,这已在第四章和第八章描述过。这是说宇宙不仅仅有一个单独历史,它有所有可能的历史,每一个历史都有自己的概率。然而,在费恩曼的设想和选择历史之间似乎存在一个重要的差别。在费恩曼求和中,每一个历史都是由完整的时空和其中的每一件东西组成的。时空可以被卷曲成可能乘火箭旅行到过去。但是火箭要留在同一时空即同一历史中,因而历史必须是协调的。这样,费恩曼的历史求和设想似乎支持协调历史假说,而不支持选择历史假说。

费恩曼历史求和确实允许在微观的尺度下旅行到过去。我们在第九章看到,科学定律在CPT联合作用下不变。这表明,一个在反时钟方向自旋并从A运动到B的反粒子还可以被认为是在时钟方向自旋并从B运动回A的通常粒子。类似地,一个在时间中向前运动的通常粒子等价于在时间中往后运动的反粒子。正如在本章以及第七章讨论过的,"空虚的"空间充满了虚的粒子和反粒子对,它们一道出现、分离,然后回到一块并且相互湮灭。

这样,人们可以把这对粒子认为是在时空中沿着一个闭合圈环运动的单独粒子(图10.10)。当对子在时间中向前运动

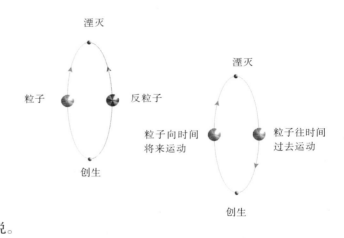

图 10.10 一个反粒子可被认为是一个往时间过去运动的粒子。所以虚粒子/反粒子对可以被认为是一个粒子在时空的闭合圈环中运动。

时(从它出现的事件出发到达它湮灭的事件),它被称为粒子。但是,当粒子在时间中往回运动时(从对湮灭的事件出发到达它出现的事件),可以说成反粒子在时间中向前运动。

在解释黑洞如何发射粒子并辐射(见第七章)时认为,虚的粒子/反粒子对中的一个成员(譬如反粒子)会落到黑洞中去,另一个失去和它湮灭的伙伴的成员留了下来。这个被抛弃的粒子也可以落入黑

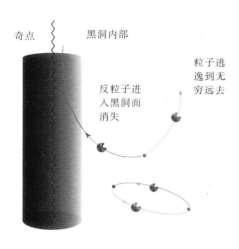

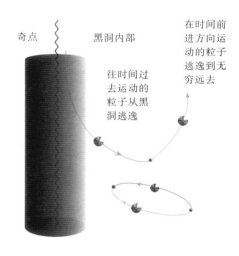

奇点　黑洞内部

反粒子进入黑洞而消失

粒子逃逸到无穷远去

奇点　黑洞内部

往时间过去运动的粒子从黑洞逃逸

在时间前进方向运动的粒子逃逸到无穷远去

洞,但是它也可以从黑洞的邻近挣脱。如果这样的话,对于一位远处的观察者,它就作为从黑洞发射出的粒子而出现。

然而,人们对于黑洞辐射的机制可有不同的却是等价的图象。人们可以把虚对中的那个落入黑洞的成员（譬如反粒子）看成从黑洞出来的在时间中往回运动的粒子。当它到达虚粒子反粒子对一道出现的那一点,它被引力场散射成从黑洞逃脱的在时间中向前运动的粒子（图10.11）。相反,如果虚对中的粒子成员落入黑洞,人们也可以把它认为是从黑洞出来的在时间中往回运动的反粒子。这样,黑洞辐

图10.11 两种黑洞辐射的等效图景。在左边,虚对中的反粒子落入黑洞,留下的粒子自由地逃逸。在右边,一个反粒子落进黑洞被认为是粒子往时间的过去运动并从黑洞逃逸。

射表明,量子理论在微观尺度上允许在时间中的往回运动,而且这种时间旅行能产生可观测的效应。

因此产生这样的问题:量子理论在宏观尺度上允许时间旅行吗?这是人们能够利用的。初看起来,它应该是能够的。费恩曼历史求和的设想是指对所有的历史进行的。这样,它应包括被卷曲成允许旅行

通过闭圈给定的
一点增加了那一
点的能量密度

图 10.12 在允许时间旅行的
时空中,虚粒子可能成为实
的。它们会多次通过时空同一
点并使能量密度变得非常大。

到过去的时空。那么,为什么我们并没有受到历史的骚扰?例如,假定有人回到过去,并把原子弹秘密提供给纳粹?

如果我称作时序防卫猜测成立的话,这些问题便可以避免。它是讲,物理学定律共谋防止宏观物体将信息传递到过去。它正如宇宙监督猜测一样,还未被证明,但是有理由相信它是成立的。

相信时序防卫有效的原因是,当时空被卷曲得可以旅行到过去时,在时空中的闭合圈环上运动的虚粒子,能够变成在时间前进的方向上以等于或者低于光速的速度运动的实粒子。由于这些粒子可以任意多次地围绕着圈环运动,它们通过路途中的每一点许多次(图10.12)。这样,它们的能量被再三

地计入,使能量密度变得非常大。这也许赋予时空以正的曲率,因而不允许旅行到过去。这些粒子会引起正的还是负的曲率,或者由某种虚粒子产生的曲率是否被别种粒子产生的抵消,仍然不清楚。这样,时间旅行的可能性仍然未决。但是我不准备为之打赌,我的对手或许具有通晓未来的不公平的优势。

211

第十一章

物理学的统一

正如在第一章中所解释的,一蹴而就地建立一个包括宇宙中万物的完备统一理论是非常困难的。取而代之,我们在寻求描述有限范围事件的部分理论上取得了进步,这时我们忽略了其他效应,或者将它们用一定的数字来近似表示(例如,化学允许我们计算原子间的相互作用时,可以不管原子核内部的结构)。然而,最终人们希望找到一个完备的协调的,将所有这些部分理论当做它的近似的统一理论。在这理论中不需要为某些任意数选值去符合事实。寻找这样的一个理论被称之为"物理学的统一"。爱因斯坦用他晚年的大部分时间寻求一个统一理论,但是没有成功。因为尽管已有了引力和电磁力的部分理论,但关于核力还知道得非常少,所以时机还没成熟。并且,尽管他本人

对量子力学的发展起过重要的作用,但他拒绝相信它的真实性。但是,不确定性原理似乎还是我们生活其中的宇宙的一个基本特征。因此,一个成功的统一理论必须将这个原理结合进去。

正如我将描述的,由于我们对宇宙知道得这么多,现在找到这样的一个理论的前景似乎是好得多了。但是我们必须小心,不要过分自信——我们在过去有过对成功的错误的期望!例如,在本世纪初,曾经以为任何东西都可以按照诸如弹性和热传导之类的连续物质的性质予以解释。原子结构和不确定性原理的发现使之彻底破产。然后又有一次,1928年物理学家诺贝尔奖获得者马克斯·玻恩告诉一群来格丁根大学的访问者:"据我们所知,物理学将在6个月之内结束。"他的信心是基于

212

图11.1 虚粒子反粒子对甚至赋予空的空间以无限的能量密度并且把它弯曲成无穷小。这一无限能量必须被减除或对消。

狄拉克新近发现的能够制约电子的方程。人们认为质子——这个当时仅知的另一种粒子——服从类似的方程，并且那将会是理论物理的终结。然而，中子和核力的发现对此又是当头一棒。尽管讲到这些，仍然有理由谨慎地乐观，我们现在也许已经接近探索自然终极定律的尾声。

在前几章中，我描述了引力的部分理论即广义相对论和制约弱力、强力和电磁力的部分理论。这后三种理论可以合并成为所谓的大统一理论（GUT）。这个理论并不令人非常满意，因为它没有包括引力，并且因为包含不能从理论预言，而必须人为选择以和观测符合的一些量，譬如不同粒子的相对质量，等等。要找到一个将引力和其他力统一的理论，主要困难在于广义相对论是一个"经典"理论；也就是说，

图11.2 人们在广义相对论中只能调整引力强度和宇宙常数。这两个调整不足以取消所有的无限大。

引力 宇宙常数

广义相对论

常基本的形式依赖于量子力学。因此，第一步必须将广义相对论和量子力学结合在一起。正如我们已经看到的，这能产生一些显著的推论，例如黑洞不是黑的，宇宙没有任何奇点，是完全自足的并且没有边界。正如第七章解释的，麻烦在于，不确定性原理意味着甚至"空虚的"空间也充满了虚的粒子和反粒子对，这些粒子对似应具有无限的能量，并且由爱因斯坦的著名方程 $E=mc^2$ 得知，这些粒子似应具有无限的质量。这样，它们的引力的吸引就会将宇宙卷曲到无限小的尺度(图 11.1)。

相当类似地，在其他部分理论中也发生似乎荒谬的无限大。但是，所有这些情形下的无限大都可用称作重正化的过程消除掉。这牵涉到引入其他的无限大去消除这些无限大。虽然这个技巧在数学上颇令人怀疑，而在实际上似乎确实行得通，并用来和这些理论一起作出预言，这些预言极其精确地和观测一致。然而，从企图找到一个完备理论的观点看，由于不能从理论中预言，而相反地为了适合观测，必须选

它没有将量子力学的不确定性原理结合进去。另一方面，其他的部分理论却以非

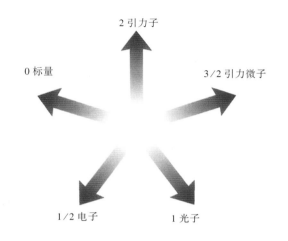

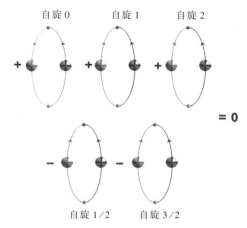

图11.3　在超引力中，不同自旋的粒子可认为是一个单独超粒子的不同方面。

图11.4　自旋1/2和3/2的虚对的能量是负的，并把自旋0，1和2的对的正能量抵消，这就排除了大多数的无限大。

择质量和力的强度的实际值，因此重正化确实具有一个严重的缺陷。

在试图将不确定性原理结合到广义相对论时，人们只有两个可以调整的量：引力强度和宇宙常数的值。但是调整它们不足以消除所有的无限大（图11.2）。因此，人们得到一个理论，它似乎预言了诸如时空的曲率的某些量真的无限大，但是观察和测量表明它们地地道道是有限的！人们对这个结合广义相对论和不确定性

原理的问题怀疑了许久，直到1972年才被仔细的计算最后确证。4年之后，人们提出了一种叫做"超引力"的可能的解答。它的思想是将携带引力的自旋为2称为引力子的粒子和某些其他具有自旋为3/2、1、1/2和0的新粒子结合在一起。在某种意义上，所有这些粒子可认为是同一"超粒子"的不同侧面。这样就将自旋为1/2和3/2的物质粒子和自旋为0、1和2的携带力的粒子统一起来了（图11.3）。自

图 11.5

开弦

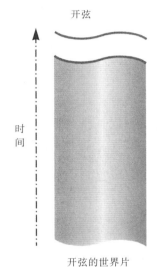

时间

开弦的世界片

图 11.6

闭弦

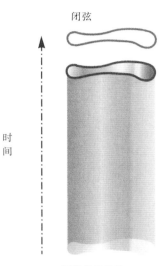

时间

闭弦的世界片

旋 1/2 和 3/2 的虚的粒子反粒子对具有负能量，因此抵消了自旋为 2、1和0的虚的粒子对的正能量。这就使得许多可能的无限大被抵消掉（图11.4），但是人们怀疑，可能仍然保留了某些无限大。人们需要找出是否还遗存下未被抵消的无限大。然而，这计算是如此之冗长和困难，以至于没人准备着手去进行。即使使用一个计算机，预料至少要用4年功夫，而且犯至少一个或更多错误的机会是非常大的。这样，只有其他人重复计算，并得到同样的答案，人们才能判断已取得了正确的答案,但这似乎是不太可能的!

尽管这些问题，尽管超引力理论中的粒子似乎与观察到的粒子不相符合的这一事实，大多数科学家仍然相信,超引力可能是对于物理学统一问题的正确答案。看来它是将引力和其他力相统一起来的最好办法。然而，1984年人们的看法发生了显著的改变，他们更喜欢所谓的弦理

图 11.7

一根单独的开弦

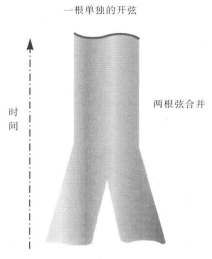

时间

两根弦合并

两根分开的弦

两根开弦合并的世界片

图 11.8

一根单独的闭弦

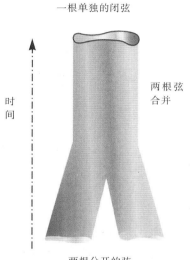

时间

两根弦合并

两根分开的弦

两根闭弦合并的世界片

论。在这些理论中,基本的对象不再是只占空间单独的点的粒子,而是只有长度而没有其他维,像是一根无限细的弦这样的东西。这些弦可以有端点(所谓的开弦),或它们可以自身首尾相接成闭合的圈子(闭弦)。一个粒子在每一时刻占据空间的一点。这样,它的历史可以在时空中用一根线代表("世界线")。另一方面,一根弦在每一时刻占据空间的一根线。这样它在时空里的历史是一个叫做世界片的二维

面。(在这世界片上的任一点都可用两个数来描述:一个指明时间,另一个指明这一点在弦上的位置。)一根开弦的世界片是一条带子:它的边缘代表弦的端点通过时空的路径(图11.5)。一根闭弦的世界片是一个圆柱或一个管(图11.6):一个管的截面是一个圈,它代表在一特定时刻的弦的位置。

两根弦可以连接在一起,形成一根单独的弦;在开弦的情形下只要将它们的端

图 11.9

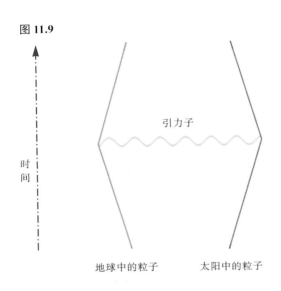

时间

引力子

地球中的粒子　　　　太阳中的粒子

图 11.10

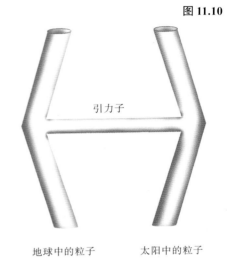

引力子

地球中的粒子　　　　太阳中的粒子

图 11.9 和图 11.10　在粒子理论中，长程力被描绘成由交换一个携带力的粒子引起的，但是在弦理论中它们被认为是由连接的管引起的。

点连在一起即可（图11.7）。在闭弦的情形下，像是两条裤腿合并成一条裤子（图11.8）。类似地，一根单独的弦可以分成两根弦。在弦理论中，原先以为是粒子的东西，现在被描绘成在弦里旅行的波动，如同振动着的风筝的弦上的波动。一个粒子从另一个粒子发射出来或者被吸收，对应于弦的分解和合并。例如，太阳作用到地球上的引力，在粒子理论中被描述成由太阳上的粒子发射出并被地球上的粒子吸收的引力子（图11.9）。在弦理论中，这个过程对应于一个H形状的管（图11.10）（在某种方面，弦理论有点像管道工程）。H的两个垂直的边对应于太阳和地球上的粒子，而水平的横杠对应于在它们之间旅行的引力子。

弦理论有一个古怪的历史。它原先是60年代后期被发明出来，以试图找到描述强力的理论。其思想是，诸如质子和中子这样的粒子可被认为是一根弦上的波动。这些粒子之间的强力对应于连接其他一些弦之间的弦的片段，正如在蜘蛛网中一样。这弦必须像具有大约10吨拉力的橡皮带，才能使这理论给出粒子之间强力的观察值。

1974年，巴黎的朱勒·谢尔克和加州理工学院的约翰·施瓦兹发表了一篇论文，指出弦理论可以描述引力，只不过其张力要大得多，大约是1000万亿亿亿亿吨（1后面跟39个0）。在通常尺度下，弦理论和广义相对论的预言是相同的，但在非常小的尺度下，比十亿亿亿亿分之一厘米（1厘米被1后面跟33个0除）更小时，它们就不一样了。然而，他们的工作并没有引起很大的注意，因为大约正是那时候，大多数人抛弃了原先的强作用力的弦理论，而倾心于基于夸克和胶子的理论，后者似乎和观测符合得更好。谢尔克死得很惨（他受糖尿病折磨，在周围没人给他注射胰岛素时昏迷死去）。这样一来，施瓦兹几乎成为弦理论的唯一支持者，只不过现在设想的弦张力要大得多而已。

1984年，由于两个明显的原因，人们对弦理论的兴趣突然复活。一个原因是，在证明超引力是有限的以及解释我们观察到的粒子的种类方面，人们未能真正取

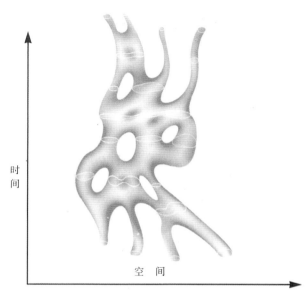

图11.11　在时空中闭弦组合并且形成片。如果把所有基本粒子都当做弦来处理，就可能找到一种协调的量子理论，它可以解释所有四种基本力。

得进展。另一个原因是，约翰·施瓦兹和伦敦玛丽皇后学院的迈克·格林发表的一篇论文指出，弦理论可以解释内禀的左手征性的粒子存在，正如我们观察到的一些粒子那样。不管什么原因，大量的人很快开始作弦理论的研究，而且发展了称之为杂化弦的新形式，这种形式似乎能够解释我们观测到的粒子类型。

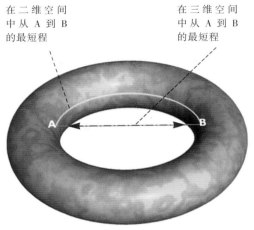

在二维空间中从A到B的最短程

在三维空间中从A到B的最短程

A　　　B

图 11.12

弦理论也导致无限大，但是人们认为，它们在一些像杂化弦的形式中会被消除掉（虽然这一点还没被确认）。然而，弦理论有更大的问题：似乎时空是十维或二十六维，而不是通常的四维时它们才是协调的！当然，额外的时空维的确是科学幻想的老生常谈；它们提供了克服广义相对论的通常限制的理想方法，即人们不能行进得比光更快或者旅行到过去的限制（见第十章）。其思想是穿过更高的维抄近路。你可用以下方法描绘这一点。想象我们生活的空间只有二维，并且弯曲成像一个锚圈或环的表面（图11.12）。如果你处在这环的内侧的一边，而要跨过环到另一侧的

一点去，你必须沿着环的内边缘上的圆圈走，直到目标点。然而，你如果允许在第三维空间里旅行，你可以直接穿过去。

如果这些额外的维确实存在，为什么我们全然没有觉察到它们呢？为何我们只看到三个空间维和一个时间维呢？人们的看法是，其他的维被弯卷到非常小的尺度——大约为一百万亿亿亿分之一英寸的空间，人们根本无从觉察这么小的尺度：我们只能看到一个时间维和三个空间维，在这些维中时空是相当平坦的。这正如一根麦秸的表面。如果你近看它，就会发现它是二维的（要用两个数来描述麦秸上的点，一个是沿着麦秸的长度，另一个是围绕着圆周方向的距离）。但是，当你远看它时，你分辨不出它的粗细（图11.13），而它就显得是一维的（只用沿麦秸的长度来指明点的位置）。对于时空亦是如此：在非常小的尺度下，时空是十维的，并且是高度弯曲的，但是在更大的尺度下，你看不见曲率或者额外的维。如果这个图象是正确的，对于自愿的空间旅行者来讲可是个坏消息：额外的维实在是太小了，根本不允许航天飞船通过。然而，它引起了另一个

重要问题。为何一些而非所有的维都被卷曲成一个小球？也许在宇宙的极早期，所有的维都曾经非常弯曲过。为何一维时间和三维空间被摊平开来，而其他维仍然紧紧地卷曲着？

图 11.14

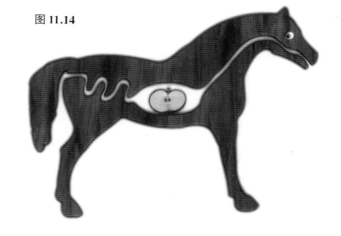

人存原理可能提供一个答案。二维空间似乎不足以允许像我们这样复杂生命的

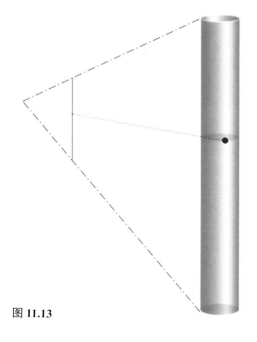

图 11.13

左下图11.13　一根麦秸近看像是二维的圆柱，但是它在远处看像是一维的线。

上图 11.14　具有消化道的二维动物会被分解成两部分。

发展。例如，在一维地球上生活的二维动物，为了相互通过，就必须一个爬到另一个之上。如果二维动物吃东西时不能将之完全消化，则它必须将其残渣从吞下食物的同样通道吐出来，因为如果有一个穿通全身的通道，它就将这生物分割成两个分开的部分：我们的二维动物就解体了（图11.14）。类似地，在二维动物身上实现任何血液循环都是非常困难的。

多于三个空间维也有问题。两个物体之间的引力将随距离衰减得比在三维空

221

间中更快（在三维空间内，如果距离加倍，则引力减少到四分之一。在四维空间减少到八分之一，在五维空间减少到十六分之一，等等）。其意义在于使像地球这样围绕着太阳的行星的轨道变得不稳定：地球偏离圆周轨道的最小微扰（例如由于其他行星的引力吸引）都会使它以螺旋线的轨道向外离开或向内落到太阳上去。我们就会被冻死或者被烧死。事实上，在维数多于三维的空间中，引力随距离变化的同样行为意味着，太阳不可能存在于压力和引力相平衡的稳定的状态下，它要么被四分五裂，要么坍缩形成一个黑洞。在任一种情况下，对地球上的生命来说，它作为热和光的来源，都没有多大用处。在小尺度下，原子里使电子围绕着原子核运动的电力行为正和引力一样。这样，电子要么全部从原子逃逸出去，要么沿螺旋的轨道落到原子核上去。在任一种情形下，都不存在我们知道的原子。

看来很清楚，至少如我们所知，生命只能存在于一维时间和三维空间没被卷曲得很小的时空区域里。这表明，只要人们可以证明弦理论至少允许宇宙存在这样的区域——似乎弦理论确实能做到这

一点，则我们可以求助弱人存原理。同样，也会存在宇宙的其他区域或其他宇宙（不管那是什么含意），那里所有的维都被卷曲得很小，或者多于四维几乎是平坦的，但是在这样的区域里，不会有智慧生物去观察这不同数目的有效维数。

另一个问题是至少存在四种不同的弦理论（开弦和三种不同的闭弦理论），以及由弦理论预言的额外维的极其繁多的卷曲方式。为何自然只挑选一种弦理论和一种卷曲方式？这问题一度似乎没有答案，因而无法向前进展。后来，大约从1994年开始，人们开始发现所谓的对偶性：不同的弦理论以及额外维的不同卷曲方式会导致四维时空中的同样结果。不仅如此，正如在空间中占据单独一点的粒子，也像空间中线状的弦，还存在另外称作p膜的东西，它在空间中占据二维或更高维的体积。（粒子可认为是0膜，而弦为1膜，但是还存在p从2到9的p膜。）这似乎表明，在超引力、弦以及p膜理论中存在某种民主：它们似乎和平相处，没有一种比另一种更基本。看起来，它们是对某种基本理论的不同近似，这些近似在不同的情形下成立。

人们探索了这个基本理论，但是迄今毫无成就。正如哥德尔指出，不可能用单独的一族公理系统来表述算术。我相信这里的情形不可能比它更好，基本理论不可能存在单独的表述。相反，它也许和地图类似：你不可能只用一张单独的地图去描述地球或者锚圈的表面：在地球的情形下，你至少需要两张地图去覆盖每一点，而在锚圈的情形下，则需要四张。每张地图只对一个有限的区域有效，但是不同的地图有一个交叠的区域。整族地图就为该表面提供了完整的描述（图11.15）。类似地，在物理学中对不同的情形需要使用不同的表述，但是两种不同表述在它们都适用的情形下要相互一致。整族不同的表述可以被认为是完备的统一理论，尽管它不是依照单独的假设集合表达的理论。

但是，确实存在一个这样的统一理论吗？或者我们也许仅仅是在追求海市蜃楼。似乎存在三种可能性：

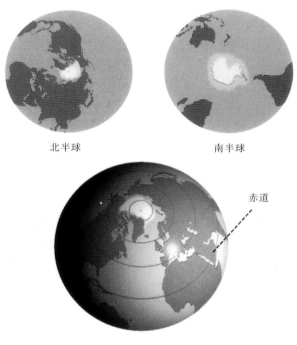

北半球　　　　　南半球

赤道

图 11.15　从数学的观点看，地球的表面不能只用一幅地图将其覆盖——人们至少需要两幅部分相重叠的地图。类似地，人们也许不可能为理论物理提供单一的基本表述，在不同情形下必须使用不同的表述。

223

（1）确实存在一个完备的统一理论（或者一族交叠的表述），如果我们足够聪明的话，总有一天会找到它。

（2）并不存在宇宙的最终理论，仅仅存在一个越来越精确地描述宇宙的无限的理论序列。

（3）并不存在宇宙的理论：不可能在一定程度之外预言事件，事件仅以一种随机或任意的方式发生。

有些人基于以下理由赞同第三种可能，如果存在一族完备的定律，这将侵犯上帝改变其主意并对世界进行干涉的自由。这有点像那古老的二律背反：上帝能制造一个重到连自己都不能将其举起的石块吗？但是上帝可能要改变主意的这一思想，正如圣·奥古斯丁指出的，是一个想象上帝存在在时间里的虚妄的例子：时间只是上帝创造的宇宙的一个性质。可以设想，当他创造宇宙时，他就知道了自己所有的企图！

随着量子力学的发现，我们认识到，由于总存在一定程度的不确定性，因此，不可能完全精确地预言事件。如果有人愿

上帝能制造一个重到连自己都不能将其举起的石块吗？

意，他可以将此随意性归结为上帝的干涉。但这会是一种非常奇怪的干涉：没有任何证据表明它具有任何目的。的确，如果它有目的，则按定义就不是随意的。现代由于我们重新定义科学的目标，所以已

224

经有效地排除了上述的第三种可能性：我们的目的只在于表述一族定律，这些定律能使我们在不确定性原理的极限之内预言事件。

第二种可能性，也就是存在一无限的越来越精确的理论序列，是和迄今为止我们的经验相符合的。在许多场合我们增加了测量的灵敏度，或者进行了新的类型的观测，只是为了发现还没被现有理论预言的新现象，为了解释这些，我们必须发展更高级的理论。这一代的大统一理论预言：在大约100吉电子伏的弱电统一能量和大约1000万亿吉电子伏的大统一能量之间，没有什么本质上新的现象发生。因此，如果这个预言是错的话，人们并不会感到非常惊讶。我们的确可以预期发现一些新的比夸克和电子——这些我们目前以为是"基本"粒子——更基本的结构层次。

然而，引力似乎可以为这个"盒子套盒子"的序列设下极限。如果人们有一个具有比1000亿亿吉电子伏（1后面跟19个0）的所谓普朗克能量更高能量的粒子，它的质量就会集中到如此的程度，它就会脱离宇宙的其他部分，而形成一个小黑洞。这样看来，当我们往越来越高的能量去的

时候，越来越精密的理论序列确实应当有某一极限，所以必须有宇宙的终极理论（图11.16）。当然，普朗克能量离开大约一百吉电子伏——目前在实验室中所能产生的最大的能量——非常远，我们不可能在可见的未来用粒子加速器填补其间的差距！然而，宇宙的极早期阶段是这样大的能量必定发生的舞台。我以为，早期宇宙的研究和数学协调性的要求，很有可能会导致当今我们周围的某些人在有生之年获得一个完备的统一理论。当然，这一切都是假定我们首先不使自身毁灭的前提下而言的。

如果我们确实发现了宇宙的终极理论，这意味着什么？正如在第一章中解释的，因为理论不能被证明，我们将永远不能肯定，我们是否确实找到了正确的理论。但是如果理论在数学上是协调的，并且总是给出与观察一致的预言，我们便可以适度地相信它是正确的。它将给人类理解宇宙的智力斗争长期而光辉的历史篇章打上一个休止符。但是，它还会变革常人对制约宇宙定律的理解。在牛顿时代，一个受教育的人至少可能在梗概上掌握整个人类知识。但从那以后，科学发展的节奏使之不再可能。因为理论总是被改变

225

图 11.16　对越来越小尺度的观测导致直至量子色动力学(QCD)的在越来越高能量下成立的物理理论序列,甚至可能还要超过直至大统一理论(GUT)。然而,普朗克能量可以提供一个切断,并且暗示存在一个终极理论。

以解释新的观察结果，它们从未被消化或简化到使常人能够理解。你必须是一个专家，即使如此，你只能有望正确地掌握科学理论的一小部分。另外，其发展的速度如此之快，在中学和大学所学的总是有点过时。只有少数人可以跟得上知识快速进步的前沿，但他们必须贡献毕生的精力，并局限在一个小的领域里。其余的人对于正在进行的发展或者它们产生的激动只有很少的概念。70年前，如果爱丁顿的话是真的，那么只有两个人理解广义相对论。今天，成千上万的大学研究生能理解，并且几百万人至少熟悉这个思想。如果发现了一套完备的统一理论，以同样方法将其消化并简化，以及在学校里至少讲授其梗概，这只是时间的迟早问题。我们那时就都能够对制约宇宙，并对我们的存在负责的定律有所理解。

即使我们发现了一个完备的统一理论，由于两个原因，这并不表明我们能够一般地预言事件。第一是量子力学不确定性原理给我们的预言能力设立的限制。对此我们无法克服。然而，在实际上更为严厉的是第二个限制。它是由以下事实引起的，除了非常简单的情形，我们不能准确解出这理论的方程。（在牛顿引力论中，我们甚至连三体运动问题都不能准确地解出，而且随着物体的数目和理论复杂性的增加，困难愈来愈大。）除了在最极端条件下之外，我们已经知道规范物体在所有条件下的行为的定律。特别是，我们已经知道作为所有化学和生物基础的基本定律。我们肯定还没有将这些学科归结为可解问题的状态：到现在为止，我们在根据数学方程来预言人类行为上只取得了很少的成功！所以，即使我们确实找到了基本定律的完备集合，在未来的岁月里，我们仍面临着在智慧上挑战性的任务，那就是发展更好的近似方法，使得在复杂而现实的情形下，能作出对可能结果的有用预言。一个完备的协调的统一理论只是第一步：我们的目标是完全理解发生在我们周围的事件以及我们自身的存在。

227

第十二章

结　论

我们发现自己处于令人困惑的世界中。我们要理解周围所看到的一切的含义，并且寻问：宇宙的本质是什么？我们在其中的位置如何，以及宇宙和我们从何而来？宇宙为何是这个样子？

我们试图采用某种世界图来回答这些问题。如同一个无限的乌龟塔背负平坦的地球是这样的图象一样，超弦理论也是一种图象。虽然后者比前者更数学化，更准确得多，但两者都是宇宙的理论。两个理论都缺乏观测的证据：没人看到一个背负地球的巨龟，但也没有人看到超弦。然而，龟理论作为一个好的科学理论是不够格的，因为它预言了人会从世界的边缘掉下去。除非可以用它解释人们在百慕大三角消失的传说，否则这个理论和经验不一致！

最早在理论上描述和解释宇宙的企图牵涉到这样一种思想：具备人类情感的灵魂控制着事件和自然现象，它们的行为和人类非常相像，并且是不可预言的。这些灵魂栖息在自然物体，诸如河流、山岳以及包括太阳和月亮这样的天体之中。我们必须向它们祈祷并供奉，以保证土壤肥沃和四季循环。然而，我们逐渐注意到一些规律：太阳总是东升西落，而不管我们是否用牺牲向太阳神供奉。此外，太阳、月亮和行星沿着可事先被预言得相当准确的轨道穿越天穹。太阳和月亮仍然可以是

对面图12.1　本书提到的一些试图解释宇宙的理论模型。

龟宇宙

德谟克里特原子

平坦地球模型

托勒密体系

哥白尼体系

卢瑟福原子

尼尔斯·玻尔原子

强入存模型

弗里德曼闭合宇宙

膨胀气球理论

黑洞理论

无边界设想

历史求和模型

弦理论

虫洞模型

暴胀宇宙

229

神祇，只不过是服从严格定律的神祇。如果你不将为约书亚停止太阳运行之类的神话信以为真，则这一切显然是毫无例外的。

最初，只有在天文学和其他一些情形下，这些规律和定律才是显而易见的。然而，随着文明的发展，特别是近300年间，越来越多的规律和定律得到发现。这些定律的成功，使得拉普拉斯在19世纪初提出科学的决定论；也就是他提议的，有一族定律存在，只要给定宇宙在某一时刻的状态，这些定律就能精确决定宇宙的演化。

拉普拉斯的决定论在两个方面是不完整的：它没讲应该如何选择定律，也没指定宇宙的初始状态。这些都留给了上帝。上帝会选择让宇宙如何开始并要服从什么定律，但是一旦开始之后，他将不再干涉宇宙。事实上，上帝被局限于19世纪科学不能理解的领域里。

对面图：米盖朗琪罗作《亚当之创生》。拉普拉斯理论认为，上帝选择宇宙启始的方式和宇宙将服从的定律，但此后祂不再干涉。

我们现在知道，拉普拉斯对决定论的希望，至少按照他所想的方式，是不能实现的。量子力学的不确定性原理意味着，某些成对的量，比如粒子的位置和速度，不能同时被完全精确地预言。量子力学通过一类量子理论来处理这种情形，在这些理论中粒子没有精确定义的位置和速度，而是由一个波来代表。这些量子理论给出了波随时间演化的定律，在这种意义上，它们是宿命的。于是，如果我们知道某一时刻的波，我们便可以将它在任一时刻推算出。只是当我们试图按照粒子的位置和速度对波做解释的时候，不可预见性的随机的要素才出现。但这也许是我们的错误：也许不存在粒子的位置和速度，只有波。只不过是我们企图将波硬套到我们关于位置和速度的先入为主的观念之上而已。由此导致的不协调乃是表面上不可预见性的原因。

事实上，我们已经将科学的任务重新定义为，发现能使我们在由不确定性原理设定的界限内预言事件的定律。然而，还存在如下问题：如何或者为何选取宇宙的定律和初始状态？

我在本书中特地突出制约引力的定律,因为正是引力使宇宙的大尺度结构成形,即使它是四类力中最弱的一种。引力定律和直到相当近代还为人深信的宇宙在时间中不变的观念不相协调:引力总是吸引,这一事实意味着,宇宙的演化方式两者必居其一,要么正在膨胀,要么正在收缩。按照广义相对论,宇宙在过去某一时刻肯定有一个具有无限密度的状态,亦即大爆炸,这是时间的有效起始。类似地,如果整个宇宙坍缩,在将来必有另一个无限密度的状态,亦即大挤压,这是时间的终结。即使整个宇宙不坍缩,在任何坍缩形成黑洞的局部区域里都会有奇点。这些奇点正是任何落进黑洞的人的时间终点。在大爆炸时和其他奇点,所有定律都失效,所以上帝仍然有完全的自由去选择发生了什么以及宇宙如何开始。

当我们将量子力学和广义相对论结合,似乎产生了前所未有的新的可能性:空间和时间一起可以形成一个有限的四维的没有奇点或边界的空间,这正如地球的表面,但具有更多的维。看来这种思想能够解释宇宙间已观察到的许多特征,诸如它的大尺度一致性,还有包括星系、恒星甚至人类等在小尺度上对此均匀性的偏离。但是,如果宇宙是完全自足的,没有奇点或边界,并且由统一理论完全描述,那么就对上帝作为造物主的作用有深远的含义。

有一次爱因斯坦问道:"在建造宇宙时上帝有多少选择性?"如果无边界假设是正确的,上帝就根本没有选择初始条件的自由。当然,上帝仍有选择宇宙所服从的定律的自由。然而,这也许实在并没有那么多选择性;很可能只有一个或数目很少的完备的统一理论,例如弦论,它们是自洽的,并且允许像人类那样复杂结构的存在,这些结构能够研究宇宙定律并询问上帝的本性。

即使只有一种可能的统一理论,那也只不过是一组规则和方程而已。是什么赋予这些方程以活力去制造一个为它们所描述的宇宙呢?通常的科学方法,即建立一个数学模型,不能回答为什么会有一个为此模型所描述的宇宙这个问题。为什么宇宙要找这么多存在的麻烦?难道统一理论如此咄咄逼人,以至于其自身之实现不

232

可避免？或者它需要一个造物主，若是这样，他对宇宙还有其他效应吗？又是谁创造了他？

迄今为止，大部分科学家太忙于发展描述宇宙为何物的理论，以至于没工夫过问为什么。另一方面，以寻根究底为己任的哲学家跟不上科学理论的进步。在18世纪，哲学家把包括科学在内的整个人类知识当做他们的领域，并讨论诸如宇宙有无开端的问题。然而，在19世纪和20世纪，对哲学家或除了少数专家以外的任何人来说，科学变得过于专业性和数学化了。哲学家把他们的质疑范围缩小到如此程度，以至于连维特根斯坦，这位20世纪最著名的哲学家都说道："哲学余下的任务仅是语言分析。"这是从亚里士多德到康德哲学的伟大传统的何等堕落啊！

如果我们确实发现了一个完备的理论，在主要的原理方面，它应该及时让所有人理解，而不仅仅让几个科学家理解。那时我们所有人，包括哲学家、科学家以及普普通通的人，都能参与讨论我们和宇宙为什么存在的问题。如果我们对此找到了答案，则将是人类理性的终极胜利——因为那时我们知道了上帝的精神。

阿尔伯特·爱因斯坦

上图:阿尔伯特·爱因斯坦(1879~1955)。这张照片是在世纪之交拍摄的。
对面图:1930年新年前夕爱因斯坦和他的妻子埃尔莎访问加利福尼亚的圣地亚哥。3年之后他永久离开德国

爱因斯坦与核弹政治的瓜葛是众所周知的:他签署了那封著名的致富兰克林·罗斯福总统的信,说服美国认真考虑他的想法,并且他在战后致力于阻止核战争的爆发。但是,这些不仅仅是一位科学家被拖入政界的孤立行动。事实上,用爱因斯坦自己的话来说,他的一生"一半用于政治,一半用于方程"。

爱因斯坦最早从事政治活动是在第一次世界大战期间,当时他在柏林当教授。由于目睹草菅人命而不胜厌恶,他卷入了反战示威。他拥护非暴力反抗以及公开鼓励人民拒绝服兵役,因而不受他的同事们欢迎。后来,在战时,他又致力于调解和改善国际关系。这也使他不受欢迎,而且他的政治态

度很快使他难以访问美国,甚至连讲学都有困难。

爱因斯坦第二个伟大的事业是犹太复国主义。虽然他在血统上是犹太人,但他拒绝接受《圣经》上关于上帝的说法。然而,在第一次世界大战之前和期间,他越发看清反犹主义,这导致他逐渐认同犹太团体,而后成为一个直言不讳的犹太复国主义的拥护者。再度不受欢迎也未能阻止他发表自己的主张。他的理论开始受到攻击,甚至有人成立了一个反爱因斯坦的组织。有

一个人因教唆他人去谋杀爱因斯坦而被定罪(却只罚了6美元)。但爱因斯坦是冷静的。当一本题为《100个反爱因斯坦的作家》的书出版时,他反驳道:"如果真是我错了的话,有一个人反对我就足够了!"

1933年,希特勒上台了。爱因斯坦正在美国,他宣布不再回德国。后来纳粹冲锋队查抄了他的房子,并没收了他的银行存款。一家柏林报纸的头条写道:"来自爱因斯坦的好消息——他不回来了。"面对着纳粹的威胁,爱因斯坦放弃了和平主义,由于担心德国科学家会制造核弹,他终于建议美国应该发展自己的核弹。但是,甚至在第一枚原子弹爆炸之前,他就曾经公开警告过核战争的危险,并提议对核武器进行国际控制。

终其一生,爱因斯坦致力于和平的努力可能成效甚微——肯定不受欢迎。然而,1952年他得到担任以色列总统的提议,他对犹太复国主义事业的畅言无忌的支持得到了充分的承认。但他谢绝了。他说他认为自己在政治上过于天真。可是,也许他真正的理由却并非如此,再次引用他自己的话:"方程对我而言更重要些,因为政治是为当前,而方程却是永恒的东西。"

伽利略·伽利雷

伽利略可能比任何其他人更有资格称为近代科学的奠基人。他与天主教会名闻遐迩的冲突对他的哲学是极重要的，因为伽利略是最早作出如下论断的人之一：人类有望理解世界如何行为，而且我们能通过观察现实世界来做到这一点。伽利略很早就相信哥白尼理论(即行星绕太阳公转)，但只有当他发现了支持这一观念的证据后，才公开支持。他用意大利文写有关哥白尼理论的文章(没有用通常的学院式拉丁文)，并且他的观点很快就广泛地传播到大学之外。这惹怒了亚里士多德派的教授们，他们联合起来反对他，并极力说服天主教会禁止哥白尼主义。

伽利略为此担心，他赶到罗马去向天主教会当局当面申诉。他争辩道，《圣经》并不试图告诉我们任何科学理论，而且通常都假定，在《圣经》和常识发生矛盾的地方，《圣经》是以讽喻的方式叙述的。

但是教会害怕这样的丑闻可能削弱它对新教的斗争，所以采取了镇压的手段。1616年，天主教会宣布哥白尼主义是"虚假的和错误的"，并命令伽利略再也不准"保卫或坚持"这一学说。伽利略勉强接受了。

1623年，伽利略的一位老友成为教皇，伽利略立即试图为1616年的判决翻案。他失败了，但他设法获得了准许，在两个前提下写一本讨论亚里士多德和哥白尼理论的书：他不能有倾向，同时要得出结论，无论如何人不能确定世界是如何运行的，因为上帝会以人难以想象的方式来达到同样的效果，而人类不能限制上帝的万能。

这本题为《关于两大世界体系的对话》的书，于1632年在审查官的全力支持下完成并出版了——并且立刻被全欧洲欢呼为文学和哲学的杰作。不久教皇就意识到，人们把这本书视为拥护哥白尼主义的令人信服的论证，后悔允许该书出版。教皇指出，虽有审查官正式批准出版该书，但伽利略依然违背了1616年的禁令。他把伽利略带到宗教法庭，宣布对他终身软禁，并命令他公开放弃哥白尼主义。伽利略第二次被迫服从。

伽利略仍然是一个忠实的天主教

徒，但是他对科学独立的信仰从未动摇过。1642年，即他逝世前4年，当时他仍然被软禁着，他第二本主要著作的手稿被偷运给一个荷兰的出版商。正是这本被称为《两种新科学》的书，甚至比支持哥白尼更进一步，成为现代物理学的发端。

对面图：伽利略使用的望远镜，其放大率为30倍。
右上图：伽利略·伽利雷(1564~1642)。
左下图：伽利略发表于1610年的《星空信使》一书展示了由他的望远镜揭示的许多星体。

艾萨克·牛顿

艾萨克·牛顿是一个不讨人喜欢的人。他和其他院士的关系声名狼藉。他在激烈的争吵中度过晚年的大部分时间。随着那部肯定是物理学有史以来最有影响的书——《自然哲学的数学原理》的出版，牛顿很快就成为名重一时的人物。他被任命为皇家学会主席，并成为第一个被授予爵位的科学家。

不久，牛顿就与皇家天文学家约翰·夫莱姆斯梯德发生冲突。他起初曾为牛顿《自然哲学的数学原理》一书提供急需的数据，但是他后来却扣压了牛顿需要的资料。牛顿是不许别人回答"不"字的，他自封为皇家天文台的大总管，然后强迫立即公布这些数据。最后，他指使夫莱姆斯梯德的冤家对头爱德蒙·哈雷夺取夫莱姆斯梯德的工作成果，并且准备出版。可是夫莱斯梯德告到法庭去，在最紧要关头赢得了法庭的判决——不得发行这部剽窃的著作。牛顿被激怒了，作为报复，他在《自然哲学的数学原理》后来的版本中系统地删除了所有来自夫莱姆斯梯德的引证。

他和德国哲学家哥特夫瑞德·莱布尼茨之间发生了更严重的争论。莱布尼茨和牛顿各自独立地发展了称作微积分的数学分支，它是大部分近代物理的基础。虽然现在我们知道，牛顿发现微积分要比莱布尼茨早若干年，可是他比莱布尼茨晚很久才出版他的著作。于是发生了关于谁是第一个发现者的大争吵，科学家们激烈地为双方做辩护。然而值得注意的是，大多数为牛顿辩护的文章均出自牛顿本人之手，虽然是以他朋友的名义出版！当争论日趋激烈时，莱布尼茨犯了向皇家学会起

艾萨克·牛顿
（1642~1727），
凡德班克绘制。

诉来解决争端的错误。牛顿作为其主席，指定一个清一色的由牛顿的朋友组成的"公正的"委员会来审查此案！更有甚者，牛顿后来自己写了一个委员会报告，并让皇家学会将其出版，正式地谴责莱布尼茨的剽窃行为。即便如此，牛顿心犹未足，他又在皇家学会的杂志上写了一篇匿名的、关于该报告的回顾。据报道，莱布尼茨死后，牛顿扬言他为"伤透了莱布尼茨的心"而洋洋得意。

在这两次争吵期间，牛顿已经离开剑桥和学术界。在剑桥他曾积极从事反天主教政治，后来在议会中也很活跃。最终，作为酬报，他得到皇家造币厂厂长的肥差。在这里，他以社会上更能接受的方式，施展他那狡狯和刻薄的能耐，成功地导演了一场反对伪币的重大战役，甚至将几个人送上了绞刑架。

239

小　辞　典

绝对零度：所能达到的最低温度，在此温度下物体没有热能。

加速度：物体速度改变的速率。

人存原理：我们之所以看到宇宙是这个样子，是因为如果它不是这样的话，我们就不会在这里去观察它。

反粒子：每个类型的物质粒子都有相对应的反粒子。当一个粒子和它的反粒子碰撞时，两者就湮灭，只留下能量。

原　子：通常物质的基本单元，是由很小的核子（包括质子和中子）以及围着它转动的电子构成。

大爆炸：宇宙开端的奇点。

大挤压：宇宙终结的奇点。

黑　洞：时空的一个区域，因为那里的引力是如此之强，以至于任何东西，甚至光都不能从该处逃逸出来。

卡西米尔效应：在真空中两片平行的平坦金属板之间的吸引压力。这种压力是由平板之间的空间中的虚粒子的数目比正常数目减小而引起的。

昌德拉塞卡极限：一个稳定的冷星的可能的最大质量的临界值。比这质量更大的恒星，则会坍缩成一个黑洞。

能量守恒：关于能量（或它的等效质量）既不能产生也不能消灭的科学定律。

坐　标:指定时空中一点的位置的一组数。

宇宙常数:爱因斯坦使用的一个数学手段,它赋予时空一个嵌入的膨胀倾向。

宇宙学:对整个宇宙的研究。

暗物质:在星系、星系团以及可能在星系团之间的物质,这种物质不能直接被观测到,但是可以由它的引力效应被检测到,宇宙中的质量多达90%可能处于暗物质的形式。

对偶性:导致相同的物理结果的,表面上不同的理论之间的对应。

爱因斯坦−罗森桥:连接两个黑洞的时空的细管。还请参见虫洞。

电　荷:粒子的一个性质,由于这性质粒子排斥(或吸引)其他带有相同(或相反)符号电荷的粒子。

电磁力:在带电荷的粒子之间引起的力;它是四种基本力中第二强的力。

电　子:带有负电荷并围绕着原子核转动的粒子。

弱电统一能量:大约为100吉电子伏的能量,在比这能量更大时,电磁力和弱力之间的差别消失。

基本粒子:被认为不可再分的粒子。

事　件:由它的时间和位置所指明的在时空中的点。

事件视界:黑洞的边界。

不相容原理:两个相同的自旋为二分之一的粒子(在不确定性原理设定的极限之内)不能同时具有相同的位置和速度。

场:某种充满空间和时间的东西,与它相反的是在一个时刻只在一点存在的粒子。

频　率:对一个波而言,在1秒内完整循环的次数。

伽马射线:波长非常短的电磁射线,是由放射性衰变或由基本粒子碰撞产生的。

广义相对论:爱因斯坦基于如下思想的理论,即科学定律对所有的观察者,不管他们如何运动,都必须是相同的。它将引力解释成四维时空的曲率。

测地线:两点之间最短(或最长)的路径。

大统一能量:人们相信,在比这个能量更大时,电磁力、弱力和强力之间的差别消失。

大统一理论(GUT):一种统一电磁力、强力和弱力的理论。

虚时间：用虚数测量的时间。

光　锥：时空中的面，在上面标出光通过一给定事件的可能方向。

光秒（光年）：光在1秒（1年）的时间里走过的距离。

磁　场：引起磁力的场，现在和电场合并成电磁场。

质　量：物体中物质的量；它的惯性或对加速的抵抗。

微波背景辐射：起源于炽热的早期宇宙的灼热的辐射，现在它受到如此大的红移，以至于不以光而以微波（波长为几厘米的射电波）的形式呈现出来。

裸奇点：不被黑洞围绕的时空奇点。

中微子：只受弱力和引力影响的极轻的粒子。

中　子：一种和质子非常类似的但不带电荷的粒子，在大多数原子的核中大约一半的粒子是中子。

中子星：在超新星爆发后，有时一个恒星中心的物质的核坍缩成一团密集的中子，这种余下的冷的恒星称作中子星。

无边界条件：宇宙是有限的但是没有边界的思想。

核聚变：两个核碰撞并合并形成单独的更重的核的过程。

核：原子的中心部分，只由质子和中子构成。在核中强作用力将质子和中子束缚在一起。

粒子加速器：一种利用电磁铁能够对运动的带电粒子加速，给它们更多能量的机器。

相　位：对一个波，特定的时刻在它循环中的位置：一种它是否在波峰、波谷或它们之间的某点的标度。

光　子：光的一个量子。

普朗克量子原理：光（或任何其他经典的波）只能被发射或吸收分立的量子，其能量与它们的频率成正比，和它们的波长成反比的思想。

正电子：电子的（带正电荷的）反粒子。

太初黑洞：在极早期宇宙中产生的黑洞。

比　例："X正比于Y"，表示当Y被乘以任何数时，X也如此；"X反比于Y"，表示当Y被乘以任何数时，X被那个数除。

质　子：一种和中子非常类似的但带正电荷的粒子，在大多数原子的核中大约一半的粒子是质子。

脉冲星：发射出无线电波规则脉冲的旋转中子星。

量　子：波可被发射或吸收的不可分的单位。

量子色动力学（QCD）：描述夸克和胶子相互作用的理论。

量子力学：从普朗克量子原理和海森伯不确定性原理发展而来的理论。

夸　克：感受强作用力的（带电的）基本粒子。每一个质子和中子都由3个夸克组成。

雷　达：利用脉冲射电波的单独脉冲到达目标并折回的时间间隔来测量对象位置的系统。

放射性：一种类型的原子核自动分裂成其他类型的原子核。

红　移：由于多普勒效应，从离开我们而去的恒星发出的光线的红化。

奇　点：时空中的一点，在该处时空曲率（或者一些其他的物理量）变得无限大。

奇点定理：这定理是说，在一定情形下奇点必须存在——特别是宇宙必须起始于一个奇点。

时　空：四维的空间，上面的点是事件。

空间维：三维中的任何一维——也就是除了时间维外的任何一维。

狭义相对论：爱因斯坦的基于如下思想的理论，即科学定律在没有引力现象时，对所有进行自由运动的观察者，无论他们的运动速度如何，都必须相同。

谱：构成一个波的分频率。太阳谱的可见光部分可以在彩虹中看见。

自　旋：相关于但不等同于日常的自转概念的基本粒子的内部性质。

稳　态：不随时间变化的态：一个以固定速率自转的球是稳定的，因为即便它不是静止的，在任何时刻它看起来都是等同的。

弦　论：物理学的理论，在该理论中粒子被描述成弦上的波。弦具有长度，但没有其他维。

强　力：4种基本力中最强的，作用距离最短的一种力。它在质子和中子中将夸克束缚在一起，并将质子和中子束缚在一起形成原子核。

不确定性原理：海森伯表述的一个原理，该原理说，人们永远不能够精确地同时知道粒子的位置和速度;对其中的一个知道得越精确,则对另外一个就知道得越不精确。

虚粒子:在量子力学中,一种永远不能直接检测到的,但其存在确实具有可测量效应的粒子。

波/粒二象性:量子力学中的概念,认为在波和粒子之间没有区别;粒子有时可以像波一样行为,而波有时可以像粒子一样行为。

波　长:在一个波中,两个相邻波谷或波峰之间的距离。

弱　力:4种基本力中仅次于引力的第二弱的,作用距离非常短的一种力。它作用于所有物质粒子,而不作用于携带力的粒子。

重　量:引力场作用在物体上的力。它和质量成比例,但又不同于质量。

白矮星:一种由电子之间不相容原理排斥力所支持的稳定的冷的恒星。

虫　洞:联结宇宙的遥远区域的时空细管。虫洞还可以联结到平行或婴儿宇宙,并且能够提供时间旅行的可能性。

感　　谢

　　我在撰写本书时得到多人相助。我的科学同仁毫无例外地激发我的灵感。在漫长的岁月里，我主要的合作者为罗杰·彭罗斯、罗伯特·格罗许、布兰登·卡特、乔治·埃里斯、盖瑞·吉朋斯、唐·佩奇和詹姆·哈特尔。他们有求必应，我非常感激他们，同时也非常感激我的学生们。

　　我的一名学生布里安·维特在准备初版时提供了许多帮助。矮脚鸡图书公司的编辑彼德·古查底还给我写下无数评语，使本书改善甚多。此外，对于这部插图版书，我还想感谢为我配插图的飞月设计公司的人们，以及安德鲁·杜恩，他为我修改正文并且配上插图说明。我觉得他们做得非常好。

　　如果没有眼前的这台交流系统，本书就写不成。这套称作平衡器的软件是加利福尼亚兰卡斯特文字处理公司的瓦特·沃尔托兹捐赠的。我的语言合成器是加利福尼亚太阳谷的语音处理公司捐赠的。剑桥适用通讯公司的大卫·梅森把合成器和手提电脑安装在我的轮椅之上。利用这个系统交流，我现在比我失声之前能更好地与人交谈了。

　　在我著作和修改此书的年代里，有过许多秘书和助手。对于秘书们，我应特别感谢的有莱迪·费拉、安·拉弗、劳拉·珍翠、谢瑞尔·比林顿和苏·梅西。我的助手为柯灵·威廉斯、大卫·托马斯、雷蒙·拉夫勒蒙、尼克·菲利普、安德鲁·杜恩、斯图瓦·詹米森、约纳逊·布连奇利、提蒙·汉特、赛蒙·基尔、琼·罗杰斯和汤姆·肯达尔。尽管我是残废的，但是他们、我的护士、合作者、朋友以及家人们使我的生命非常充实并能进行研究。

史蒂芬·霍金

245

原书名/The Illustuated A Brief History of Time

Copyright © 1996 by Stephen. Hawking.

Interior illustrations copyright © 1996 by Ron Miller.

Published by arrangemen with Writer's House Inc.

through Bardon － Chinese Media Agency

ALL RIGHTS RESERVED.

湖南科学技术出版社通过台湾博达著作权代理公司获得本书中文简体版中国大陆地区独家出版发行权。

版权登记号：18－2001－83

版权所有，侵权必究。

时间简史（插图版）

著　　者：史蒂芬·霍金

译　　者：许明贤　吴忠超

策划编辑：孙桂均

文字编辑：陈一心

出版发行：湖南科学技术出版社

社　　址：长沙市湘雅路 276 号

　　　　　http://www.hnstp.com

邮购联系：本社直销科　0731—4375808

印　　刷：湖南新华印刷集团有限责任公司

厂　　址：湖南望城·湖南出版科技园

邮　　编：410219

出版日期：2007 年 12 月第 1 版第 10 次

开　　本：710mm×970mm　1/16

印　　张：16.125

字　　数：171000

书　　号：ISBN 978 - 7 - 5357 - 3230 - 9

定　　价：45.00 元

（版权所有·翻印必究）